Niclas

Gute-Nacht-Geschichten

FSC
www.fsc.org
MIX
Papier aus ver-
antwortungsvollen
Quellen
Paper from
responsible sources
FSC® C105338

Niclas

Gute-Nacht-Geschichten

Niko Papadakis

Vorwort:

Unser Niclas wurde am 4. März 2022 geboren.
Das hat uns veranlasst
                    „Niclas-Gute-Nacht-Geschichten"
auszudenken. Durch die Tatsache, dass Nicoletta und René mit
unserem Zwerg Niclas bereits mehrmals einen Zoobesuch
machten, ist die Wahl leichtgefallen, hier Tierbabys zu
engagieren, die uns jedes auf seine Weise ihre Geschichte
erzählen.

Der Verfasser dieses Buches möchte erklären, dass es
heutzutage fast unmöglich ist, ein Buch zu schreiben, ohne das
Internet als Recherchequelle zu nutzen. Das Internet bietet uns
Zugang zu einer Fülle von Informationen, die uns helfen
können, unsere Ideen zu entwickeln und zu verfeinern.
Allerdings ist es wichtig, bei der Verwendung von Online-
Quellen kritisch zu bleiben und sicherzustellen, dass die
Informationen, die wir verwenden, zuverlässig und glaubwürdig
sind. Ich bin kein Zoologe und habe keine praktischen
Erfahrungen in diesem Bereich. Allerdings habe ich Zugang zu
einer Vielzahl von Informationen und habe mich intensiv mit
dem Thema auseinandergesetzt, um hier bestmöglich helfen zu
können. Als Niko Papadakis habe ich sicherlich eine
persönliche Meinung und versuche daher, nur objektive Fakten
und Informationen wiedergeben.

Lektorat: Helga Papadakis

Titelbild. Nicoletta Krauße
Tierbilder: Helga Papadakis & Nicoletta Krauße

© 2023 Niko Papadakis
Herstellung und Verlag: BoD – Books on Demand, Norderstedt.
ISBN: 9783757882495
Bibliografische Information der Deutschen Nationalbibliothek
Die Deutsche Nationalbibliothek verzeichnet diese Publikation in der Deutschen
Nationalbibliografie; detaillierte bibliografische Daten sind im Internet über
http://dnb.d-nb.de abrufbar

Der 4. März ist der 63. Tag des Jahres
Geburtstagskinder vom 4. März wurden im
Sternzeichen Fische geboren.

4. März 1394	Heinrich der Seefahrer war ein portugiesischer Prinz
4. März 1678	Antonio Lucio Vivaldi war ein italienischer Komponist
4. März 1932	Miriam Makeba war eine südafrikanische Sängerin
4. März 1936	James Clark war ein britischer Rennfahrer
4. März 1943	Lucio Dalla war ein italienischer Liedermacher
4. März 1944	Robert Dwayne Womack war ein US-amerikanischer Musiker
4. März 1948	James Ellroy ist ein US-amerikanischer Schriftsteller
4. März 1652	Umberto Tozzi ist ein italienischer Musiker
4. März 1953	Scott Hicks ist ein australischer Filmregisseur
4. März 1957	Mykelti Williamson ist ein US-amerikanischer Schauspieler
4. März 2022	Niclas René Krauße

Prolog:

Gibt es etwas Unschuldigeres als Menschen- oder
Tierbabys? Unser fiktiver Kindergarten ist voll von
Tierbabys und unser Held Niclas ist von der
UNESCO ausgewählt worden, einige Tage in diesem
Kindergarten zu verbringen.
Dass die Kinder im Kindergarten von qualifizierten
Fachkräften betreut werden, steht außer Frage.
Allerdings kann ein/e Erzieher/in niemals die Eltern
ersetzen.

Die Kinder müssen sich stundenweise von ihren
Eltern trennen und wehren sich häufig dagegen.
Jedoch hat der Kindergartenbesuch überaus positive
Effekte auf die Entwicklung des Kindes. Niclas
jedoch hat niemals Probleme damit und geht sehr
gerne in den Kindergarten, da er sich sofort vom
ersten Tag an mit den anwesenden Tierbabys
verstanden hat.

Täglich werden in Deutschland rund 2000 Babys
geboren und Niclas ist der Einzige, der uns darüber
berichten kann

Inhalt:

Wer ist Käpt´n Einauge?

Käpt´n Einauge war einst ein gefürchteter Pirat der sieben Meere. Mit seinem charakteristischen Holzbein, dem schwarzen Dreispitz und natürlich seinem markanten Namensgeber, dem glitzernden Glasauge, versetzte er so manchen Seemann in Angst und Schrecken.
Seine Vergangenheit als skrupelloser Pirat hat er längst hinter sich gelassen - heute ist Käpt´n Einauge ein liebevoller Vater und Großvater und Ehemann von Frau Einauge. Trotz seines wilden Rufes von früher zeigt er eine herzliche Gelassenheit bei alltäglichen Situationen.
Mit einem breiten Lächeln im Gesicht erzählt Käpt´n Einauge seinem Enkel Niclas spannende Geschichten von seinen Abenteuern auf hoher See. Dabei beweist er seine ausgeprägte Fantasie und lässt jedes Märchen zu einem unvergesslichen Erlebnis werden.
Als Opa schafft es Käpt´n Einauge immer wieder, Vertrauen zu vermitteln – sei es durch sein fröhliches Lachen oder durch das beruhigende Knarren seiner alten Stimme.
Hinter dem ehemals gefürchteten Piratenkapitän Käpt´n Einauge verbirgt sich heute ein herzlicher Opa, dessen warmherzige und abenteuerlustige Art Niclas nicht nur unvergessliche Erinnerungen schenkt, sondern auch Werte wie Vertrauen und Familie vermittelt.

Paki

Am ersten Tag im Kindergarten traf Niclas ein
Tierbaby, das ihm folgende Geschichte erzählte:
„Ich heiße Paki, wir sind Alpakas, die etwas kleineren
Verwandten der Lamas. Man erkennt uns sofort an
unserer sehr feinen, warmen und flauschigen Wolle.
Wenn wir erwachsen sind, können wir bis zu einem
Meter hoch werden und wiegen gute 75 Kilo. Wir
haben keine Höcker, wenn wir auch entfernt mit
Kamelen verwandt sind, haben dafür aber einen
langen Hals. Wir leben in höheren, somit etwas
kältere Regionen in Südamerika zwischen 3700 und
4600 Meter hoch. Unsere Gattung ist weit älter als
5000 Jahre.“
Paki öffnete leicht den Mund. „Schau mal, unsere
Oberlippe ist gespalten und so können wir einfacher
Gras und Blätter abzupfen. Unsere Mamas haben
meistens nur ein Junges und die Tragzeit beträgt bis
zu elf Monaten. Wir werden dann von unseren
Mamas bis zu acht Monate lang gesäugt. Wir sind
reine Vegetarier und unsere Feinde sind große
Raubtiere.
Wie ich leben in Deutschland fast 2000 Artgenossen.
Wir brauchen eine sehr große Weidefläche und da
wir Mineralien benötigen, sollte stets ein Salz-
Leckstein im Stall vorhanden sein.
Da wir gesellige Tiere sind, benötigen wir zum
Wohlfühlen einige Freunde.
Wir können viele verschiedene Laute von uns geben,
meistens ein leises Summen. Außerdem haben wir
eine ausgeprägte Körpersprache. Eines der
wirksamsten Kommunikationsmittel ist das berühmte

Spucken. Damit zeigen wir unseren Unmut und
Ärger."

Käpt'n Einauge erzählt:

„Ophelia, das kleine Alpaka, lebte in einer idyllischen
Stadt namens Sonnenschlucht im wilden Westen. Es
hatte ein flauschiges und wunderschönes Fell mit
vielen verschiedenen Farben – von Weiß über Grau
bis hin zu einem sanften Braun.
Eines Tages erfuhr Ophelia von einem schrecklichen
Plan: Eine berüchtigte Gangsterbande plante einen
Bankraub! Sie wollten die kleinen Ersparnisse der
Menschen stehlen und damit die Stadt in Angst und
Schrecken versetzen.
Obwohl sie nur ein kleines Alpaka war, entschied
sich Ophelia, mutig dagegen vorzugehen. In ihrer
Heimatstadt galt sie als besonders schlau. Die
anderen Tiere vertrauten ihr.
Sie begann sofort mit ihren Vorbereitungen für ihre
Mission ,Rettung'. Sie bildete eine geheime Allianz
aus den tapfersten Tieren des Dorfes: Samson, der
mutige Kater mit seinen scharfen Krallen; Henriette,
die schnellste Maus im ganzen Westen; Boris, das
Wildschwein mit seiner unglaublichen Stärke; und
natürlich Pauline, der cleverste Papagei aller Zeiten.
Gemeinsam suchten diese besonderen Freunde alle
Informationen über den bevorstehenden Raub
zusammen. Stundenlang saßen sie im Saloon an der
Bar und lauschten aufmerksam jedem
Gesprächsfetzen des fiesen Bandenchefs.
Nachdem Ophelia genug Informationen hatte,
entwickelte sie einen ausgeklügelten Plan zur

Verhinderung des Bankraubs. Sie wusste, dass die Bande den Sonntagmorgen um 8 Uhr als Zeitpunkt für ihren Überfall gewählt hatte. Also erzählte sie dem Sheriff davon.

„Ophelia, du bist wahrhaftig ein Wunder! Ich habe große Bewunderung für deine Tapferkeit und Intelligenz", sagte der alte Sheriff.

Der Sonntagmorgen kam und alle Tiere trafen sich in der Bank mit der tapferen Ophelia an ihrer Seite – bereit zu kämpfen, wenn es sein musste. Der böse Billy und seine Leute sahen ausgerechnet am Morgen des Raubüberfalls eine Menge von Tieren vor der Bank stehen. Sie trauten ihren Augen nicht! Als sie nahe genug waren, rief Ophelia laut: „Halt! Dieser Ort ist unter meiner Obhut!"

Überrascht starrte die Gangsterbande auf das kleine Alpaka im wilden Westen.

„Bist du wahnsinnig? Was willst du gegen uns ausrichten?" fragte Billy voller Hohn.

Doch bevor einer der Verbrecher reagieren konnte, schlug Samson mit seinen scharfen Krallen nach ihnen. Henriette rannte blitzschnell zwischen den Beinen der Gangster durch, Boris grunzte, schnaubte und wirbelte so Staub auf. All dies verursachte eine Riesenaufregung bei den Dieben!

In diesem Moment flatterte Pauline vom Himmel herab: „Seid ihr hierhergekommen, um Ärger zu machen? Vergesst nicht, dass mein Schnabel auch sehr scharf ist!", krächzte sie spöttisch.

Die Tiere arbeiteten mutig zusammen und brachten jeden einzelnen Bösewicht zu Fall. Mit großer Freude und Erleichterung wurde schließlich die berüchtigte Gangsterbande von der Sonnenschlucht geschnappt und hinter Schloss und Riegel gebracht.

Die Menschen der Stadt waren Ophelia für ihre
Tapferkeit sehr dankbar. Sie feierten sie als Heldin
des wilden Westens! Seither erzählt man sich in
Sonnenschlucht noch heute Geschichten von dem
Alpaka mit dem mutigen Herzen, das einen
Bankraub verhinderte.“

Paki schaute zu der großen Uhr, die an der Wand
hing.
„Niclas, Du musst jetzt aber schlafen gehen, ich bin
auch sehr müde. Wir treffen uns bestimmt wieder
beim großen Kindergartenfest.“

Ellie

Am nächsten Tag traf Niclas ein Tierbaby, das ihm
folgende Geschichte erzählte:
„Ich heiße Ellie und bin ein Elefant. Wir Elefanten
sind sehr sensibel und haben einen mächtigen
Körper. Wir können bis zu drei Meter hoch werden
und wiegen fünf Tonnen. Man unterscheidet uns in
asiatische und afrikanische Elefanten. In Afrika leben
wir hauptsächlich im Kongo und unsere asiatischen
Artgenossen in Indien und Birma. Wir können ein
hohes Alter zwischen 60 und 70 Jahre erreichen. Wir
leben in Gruppen bis zu 30 zusammen und werden
durch eine Leitkuh angeführt. Bei uns ist es Elsa,
meine Mama.
Wir sind für unser soziales Verhalten bekannt: Die
Herde beschützt gemeinsam uns Junge. So haben
wir viele Elefanten-Tanten.
Dank unseres hervorragenden Gedächtnisses
wissen wir nicht nur, wer zur Herde gehört, sondern
wir können uns noch Jahre später an Störenfriede
oder Menschen, die uns etwas angetan haben,
erinnern.
Das hat mir mal Onkel Werner gesagt, der alles über
uns gelesen hat. Onkel Werner ist wie die anderen
Männer auch nicht immer bei uns in der Herde.
Jüngere Männchen müssen mit etwa 15 Jahren die
Herde verlassen und leben dann zunächst in
regelrechten "Junggesellengruppen" zusammen.
Aber da habe ich ja noch viel Zeit dafür.
Unser typisches Merkmal ist der Rüssel, der aus
tausenden verschiedenen Muskeln besteht.
Erwachsene Elefanten haben im Tierreich kaum
Feinde. Bei der Geburt wiegen wir gute 100 Kilo und

sind ca. 1 Meter hoch. Wir sind davor gut zwei Jahre im Bauch der Mama. Wir trinken Milch von der Mama und wenn wir zwei Jahre alt werden, ernähren wir uns ausschließlich von Pflanzenkost.
Wir sind auch die allerbesten Trompeter, sagte mir mal meine Mama, und außerdem können wir tiefe Laute von uns geben, die für menschliche Ohren nicht hörbar sind. Wenn ich mal groß bin, werde ich täglich bis zu 200 Kilogramm Futter benötigen und bis zu 100 Liter Wasser trinken."

Käpt'n Einauge erzählt:

„Es war einmal ein kleiner Elefant namens Heinz. Er lebte im wunderschönen Dschungel und hatte große Träume. Eines Tages sah er sich den Film Dschungelbuch an und war sofort fasziniert von der Schlange Kaa, die darin vorkam.
Heinz war sehr neugierig und wollte unbedingt in einer Neuverfilmung des Films mitspielen. Aber es gab ein Problem – Elefanten sind bekannt dafür, groß und stark zu sein, nicht aber für ihre Fähigkeit sich so geschmeidig wie eine Schlange zu bewegen. Dennoch ließ Heinz nicht locker. Er übte jeden Tag stundenlang, das Schlangenkriechen im hohen Gras des Dschungels nachzuahmen. Dabei half ihm seine beste Freundin, eine kluge Affendame namens Lili. Lili kannte den Dschungel wie ihre Westentasche und hatte schon vielen Tieren geholfen, ihre Träume wahr werden zu lassen. Sie glaubte fest daran, dass auch Heinz seinen Traum verwirklichen konnte. Eines Tages hörten sie von einem großen Casting für die Neuverfilmung des Films in ihrer Nähe. Es

waren alle möglichen Tiere eingeladen – Affen,
Tiger, Bären und sogar Elefanten durften
vorsprechen!
Obwohl viele andere lachten, als sie erfuhren, dass
der kleine Elefant als Schlange Kaa vorsprechen
möchte, blieben Lili und Heinz optimistisch bei ihrem
Vorhaben.
Mit viel Mut marschierten sie zum Casting-Termin,
Freunde aus dem ganzen Dorf begleiteten sie, um
besser gemeinschaftlich aufzutreten.
Heinz hatte lange geübt und war bereit, sein Bestes
zu geben. Als er an der Reihe war, schlängelte er
sich so geschmeidig wie nur möglich durch einen
Hindernisparcour.
Die Jurymitglieder schauten neugierig auf Heinz und
wurden von seiner Darbietung überrascht! Sie
konnten kaum glauben, dass ein Elefant sich so gut
wie eine Schlange bewegen konnte. Alle waren
beeindruckt!
Schlussendlich rief die Jury Heinz zum Vorsprechen
auf. Er sollte zusammen mit anderen Tieren
probeweise eine Szene aus dem Film nachspielen.
Mit viel Geschicklichkeit und einer großen Portion
Charme spielte Heinz die Schlange Kaa besser als
jeder andere Teilnehmer.
Der Regisseur war begeistert von ihm und gab ihm
sofort die Rolle!
Voller Freude kehrten Heinz und Lili in den
Dschungel zurück – alle Tiere feierten seinen Erfolg!
Von diesem Tag an wurde das kleine Dorf berühmt
für seinen talentierten Elefanten, der es trotz aller
Zweifel geschafft hatte, seinen Traum wahr werden
zu lassen.

Die Geschichte von Heinz inspirierte viele andere
Tiere im Dschungel dazu, ebenfalls ihre Träume zu
verfolgen – egal wie unmöglich sie auch scheinen
mögen. Denn man weiß ja nie was man erreichen
kann, wenn man hart arbeitet und niemals aufgibt!"

Ellie schaute zu der großen Uhr, die an der Wand
hing.
„Niclas, Du musst jetzt aber schlafen gehen, ich bin
auch sehr müde. Wir treffen uns bestimmt wieder
beim großen Kindergartenfest."

Löwi

Am nächsten Tag traf Niclas ein Tierbaby, das ihm
folgende Geschichte erzählte:
„Ich heiße Löwi und Du hast sicherlich erkannt, dass
ich ein Löwe bin. Wir gelten als Könige der Tiere,
aber ich bin aktuell nur ein kleiner Prinz.
Man nennt uns Raubtiere und wir gehören zur
Familie der Großkatzen.
Neben den Tigern, die finde ich hässlich, sind wir die
größten Raubkatzen der Erde.
Wir werden gut 180 Zentimeter lang und wiegen im
Durchschnitt nur 150 Kilogramm.
Wir leben heute nur noch in Afrika südlich der
Sahara sowie in einem kleinen Naturschutzgebiet in
einem indischen Bundesstaat.
Wir können 20 bis 25 Jahre alt werden und sind die
einzigen Großkatzen, die im Rudel leben. Ein Rudel
besteht aus einem bis drei Männchen und bis zu 20

Weibchen und uns Löwenbabys. Ein Löwenrevier kann 20 bis 400 Quadratkilometer groß sein.
Das Revier wird mit Urin markiert, das kennst Du bestimmt von den Hunden.
Wenn wir nicht auf die Jagd gehen, schlafen und dösen wir bis zu 20 Stunden pro Tag. Weil unsere Augen nach vorne gerichtet sind, können wir Entfernungen sehr gut einschätzen.
Auch unser Gehör ist sehr gut entwickelt.
Höchstens Büffel oder diese hässlichen Hyänen können uns gefährlich werden.
Nach einer Tragzeit von etwa 110 Tagen bringen unsere Mamas zwei bis vier Junge zur Welt. Zur Geburt ziehen sie sich in ein Versteck zurück. Wir wiegen bei der Geburt keine 1500 Gramm.
Nach diesen ersten Wochen kehrt die Löwenmutter mit ihren Jungen zum Rudel zurück. Von diesem Zeitpunkt an werden die Jungen nicht nur von der eigenen Mutter, sondern von allen Löwinnen des Rudels gefüttert, die gerade Junge haben.
Erst wenn die Kleinen sechs Monate alt sind, werden sie entwöhnt. Dann dürfen sie auch zum ersten Mal mit auf die Jagd. Doch es dauert, bis sie alle Tricks gelernt haben, und erst mit etwa eineinhalb bis zwei Jahren sind sie selbst erfolgreiche Jäger und können für sich selber sorgen. Das Brüllen eines Löwen-männchens ist bis zu acht Kilometer weit zu hören. Ansonsten geben wir nur knurrende und brummende Laute von uns. Wir sind reine Fleischfresser."

Käpt'n Einauge erzählt:

„Es war einmal ein kleiner Löwe namens Philipp, der in einer wunderschönen Savanne lebte. Er hatte eine goldgelbe Mähne und große, neugierige Augen. Philipp liebte es, Abenteuer zu erleben und Neues zu entdecken.
Eines Tages hörte er von einem fernen Land namens China. Dort sollte es die exotischsten Tiere und die prächtigsten Paläste geben. Das weckte natürlich sofort Philipps Interesse! Er beschloss mutig, nach China zu reisen und dieses sagenhafte Land mit eigenen Augen zu sehen.
Also verabschiedete sich Philipp von seinen Eltern im Dschungel und machte sich auf den langen Weg nach Osten. Trotz einiger gefährlicher Situationen gelang es ihm mit viel Ausdauer und seinem freundlichen Wesen, bis nach China zu kommen.
Als er dort ankam, staunte er nicht schlecht über das beeindruckende Reich des Kaisers! Die Tempel waren kunstvoll verziert; überall gab es bunt bemalte Drachenfiguren sowie Pagoden mit golden glänzenden Dächern.
Philipp konnte sein Glück kaum fassen, als ihm berichtet wurde, dass der Kaiser ihn persönlich kennenlernen wollte! Der Löwe machte sich also eilig auf den Weg zum Kaiserpalast – genauso neugierig wie vorher noch Marco Polo vor vielen Jahrhunderten dorthin gereist war.
Im Palast angekommen traf Philipp schließlich den mächtigen chinesischen Kaiser persönlich – einen älteren Mann mit einem weisen Blick in seinen Augen. Der Kaiser saß auf einem prunkvollen Thron,

umgeben von Beratern und seinem liebsten Haustier, einer wunderschönen weißen Antilope namens Ling. Philipp, der immer einen Blick für seltene Tiere hatte, war fasziniert von Lings anmutiger Erscheinung. Er konnte jedoch auch sehen, dass Ling traurig aussah. Der Kaiser erklärte dem kleinen Löwen: „Sie hat ihr Glück verloren und möchte nicht mehr essen oder spielen."
Da fasste Philipp mutig einen Entschluss: „Eure Majestät," begann er zu sprechen, „ich werde alles tun, um euer geliebtes Tier wieder glücklich zu machen." Da sein enger Freund aus Indien ein weiser Elefant namens Raj war und Philipp ebenfalls von seinen Abenteuern in China berichtet hatte, begleitete er Philipp.
Der Kaiser schaute verwundert auf den kleinen Löwen herab: „Wie kannst du das nur schaffen?", fragte er zweifelnd.
„Lasst mich nachdenken", antwortete Philipp entschlossen.
Dann kam ihm eine Idee! Er kannte die geheimen Blumenwiesen am Fuße des tibetischen Hochgebirges – weit weg vom Palast des Kaisers. Diese Blumen galten als Liebeszauber für alle Lebewesen!
Ohne zu zögern brach der tapfere kleine Löwe auf und durchquerte die gefährliche Bergkette bis zur verborgenen Wiese der heilenden Blumen. Mit größter Vorsicht pflückte Phillip eine Handvoll dieser magischen Pflanzen – genug, um Rettung für Ling zu bringen.
Schnell kehrte Philipp zurück zum Palast, wo der Kaiser und Ling bereits ungeduldig auf seine Rückkehr gewartet hatten.

Eilig reichte Philipp dem Kaiser die Blumen. „Diese speziellen Pflanzen werden Ling wieder fröhlich machen", erklärte er lächelnd. Der Kaiser bedankte sich herzlich bei Philipp und legte die Blumen vor Lings Nase.
Und tatsächlich – schon nach kurzer Zeit begann der Glanz in Lings Augen zurückzukehren! Die Antilope sprang freudig durch den Palastgarten; ihre Energie war jetzt grenzenlos!
Der Kaiser schaute zu Phillip hinüber und rief: „Du bist ein wahrer Freund! Du hast mir geholfen, mein kostbarstes Haustier glücklich zu machen."
So wurde Philipp nicht nur zur Legende im Reich des Kaisers von China, sondern auch zum festen Mitglied des königlichen Hofes. Er verbrachte fortan seine Tage mit Abenteuern an der Seite seiner neuen Freunde."

Löwi schaute zu der großen Uhr, die an der Wand hing.
„Niclas, Du musst jetzt aber schlafen gehen, ich bin auch sehr müde. Wir treffen uns bestimmt wieder beim großen Kindergartenfest."

Leo

Am nächsten Tag traf Niclas ein Tierbaby, das ihm
folgende Geschichte erzählte:
„Ich heiße Leo und bin ein Leopard.
Es gibt von uns viele Arten und wir können zwischen
60 bis 70 Zentimeter hoch werden und zwischen 40
und 90 Kilo auf die Waage bringen. Wenn Du das
Wort Panther hörst, dann musst Du wissen, dass es
schwarze Leoparden sind. Wir sind ausgezeichnete
Jäger und haben ein sehr gutes Sehvermögen. Im
Dunkeln sehen wir viel besser als die Menschen. Wir
können auch sehr gut riechen und hören, vor allem
auch sehr hohe Töne.
Wir leben in Afrika und Asien und von Afghanistan
bis in die Amur-Region in China und Russland.
Da wir sehr anpassungsfähig sind, bewohnen wir
deshalb verschiedenste Lebensräume, wie z.B.
Wälder und Savanne, Berge und sogar Halbwüsten.
Wir werden 15-17 Jahre alt und sind Einzelgänger.
Jeder von uns hat sein Revier und verteidigt es oft im
Kampf. Onkel Karl-Otto hat schon über einhundert
Kämpfe gehabt. Zum Ausruhen ziehen wir uns auf
Bäume, in Höhlen oder ins dichte Gebüsch zurück.
Wir sind gute Läufer und können bis zu sechs Meter
weit und drei Meter hoch springen. Außerdem
können wir sehr gut schwimmen und klettern.
Da wir uns in Afrika relativ häufig in der Nähe des
Menschen und sogar in dicht besiedelten Gebieten
aufhalten, sind wir alles andere als beliebt, weil wir
auch Haus- und Nutztiere zum Fressen gernhaben.
Nach 90 bis 105 Tagen Tragezeit bringen unsere
Mamas an einem versteckten Ort im Dickicht oder in
einer Felshöhle zwei bis drei Babys mit etwa 500

Gramm Gewicht zur Welt. Wir sind da noch blind und nackt. Im Anpirschen sind wir wahre Meister: Mit unserem gefleckten Fell perfekt getarnt legen wir, fast bis auf den Boden geduckt, die letzten Meter zurück. So können wir unsere Beute überraschen. Wir ernähren uns von Antilopen, kleineren Raubtieren, Wildschweinen und Pavianen.
Da wir einen Teil unseres Flüssigkeitsbedarfs durch unsere Nahrung decken, können wir deshalb sehr lange ohne Wasser aus kommen."

Käpt'n Einauge erzählt:

„Es war einmal ein kleines Leopardenbaby namens Lukas. Lukas wohnte zusammen mit seiner Familie in einem gemütlichen Dschungel, umgeben von hohen Bäumen und vielen anderen Tieren.
Obwohl Lukas noch sehr jung war, hatte er schon große Träume. Er wollte etwas Bedeutendes tun und den anderen Tieren helfen. Eines Tages kam ihm die Idee: Warum nicht Postbote werden? Da jeder gerne gute Nachrichten hört, wollte er nur positive Botschaften verbreiten.
Lukas sprach mit seinen Eltern über seine Pläne und sie unterstützten ihn voller Stolz. Seine Mutter fand es wichtig, dass die Welt mehr Freude brauchte, während sein Vater meinte: "Du kannst der beste Postbote aller Zeiten werden!"
Ohne zu zögern machte sich Lukas auf den Weg zu Otter Otto am Flussufer des Dschungels. Otto war bekannt für sein Organisationstalent und half gerne dabei, Probleme zu lösen.

„Lieber Otto", sagte Lukas respektvoll zu dem fleißigen Otter. „Ich möchte gern Postbote werden und nur gute Nachrichten verkünden! Kannst du mir bei meinen Plänen helfen?"

Otto betrachtete das motivierte Leopardenbaby lächelnd und nickte begeistert: „Natürlich kann ich dir helfen! Jeder freut sich über positive Neuigkeiten."

Gemeinsam planten sie eine kleine Werkstatt im Wald neben einer klaren Quelle – dort sollte der neue Verbreitungspunkt für gute Neuigkeiten entstehen!

Lukas sammelte heimlich alle guten Nachrichten des Dschungels ein – eine flauschige Eule, die endlich fliegen konnte; ein Faultier, das einen neuen Freund fand; und sogar eine wilde Orchidee, die ihre Blüten zum ersten Mal geöffnet hatte. Die Botschaften der Freude waren zahlreich.

Es wurde seine Aufgabe, diese rund um den Dschungel zu verteilen und so nur gute Nachrichten zu verbreiten. Als er Tag für Tag von Baum zu Baum sprang und jedem Tier seine besondere Botschaft überbrachte, hörte er immer wieder glückliche Geräusche - von fröhlichem Zwitschern bis hin zum sanften Rauschen des Flusses. Jedes Tier freute sich über positive Neuigkeiten!

Die Tiere des Dschungels wurden jeden Morgen schon voller Vorfreude wach – gespannt darauf, was Lukas ihnen heute bringen würde. Sie hatten so viel Freude daran gefunden!

Lukas' Familie war unglaublich stolz auf ihn. Sie sahen seinen Erfolg bei der Verbreitung guter Nachrichten im ganzen Dschungel mit großer Begeisterung.

Von diesem Tag an wurde der kleine
Leopardenjunge als "Lukas der Leopard – Der
Postbote mit guten Nachrichten" bekannt und viele
kamen sogar aus anderen Teilen des Waldes gereist
um ihm brav zuzuhören, während er fleißig Briefe
vorlas - vom höchsten Ast eines Mammutbaumes
aus!
Und so fand unser kleines Leopardenbaby seinen
Platz in seinem geliebten Dschungel als ein
Postbote, der stets gute Nachrichten verbreitete und
den Tieren jeden Tag ein Lächeln aufs Gesicht
zauberte."

Leo schaute zu der großen Uhr, die an der Wand
hing.
„Niclas, Du musst jetzt aber schlafen gehen, ich bin
auch sehr müde. Wir treffen uns bestimmt wieder
beim großen Kindergartenfest."

Löwi

Ellie

Paki

Leo

Pingu

Am Tag darauf traf Niclas ein Tierbaby, das ihm
folgende Geschichte erzählte:
„Ich heiße Pingu und bin ein Pinguin.
Da mein Onkel Lateinlehrer war, hat er mir mal
erzählt, das Pinguin auf lateinisch „dick" bedeutet,
aber Du siehst, ich bin rank und schlank. Eigentlich
sind wir Vögel, aber wir können nicht fliegen, dafür
aber herrlich schwimmen. Manche von uns können
über einen Meter groß werden.
Wir sind in erster Linie auf der Südhalbkugel der
Erde zu finden und leben hauptsächlich im Wasser.
Uns gibt es in 18 verschiedenen Arten.
Unsere Eltern sind einander treu und bleiben
lebenslang zusammen.
Unsere schwarz-weiße Färbung schützt uns im
Wasser vor feindlichen Angriffen. Robben jagen uns
und auch Raubmöwen.
Unsere Eltern bebrüten in Kolonien ihre Eier, aus
denen wir dann schlüpfen.
In den Brutgebieten der antarktischen Pinguine gibt
es keine Landraubtiere. Deshalb fehlt uns auch das
typische Fluchtverhalten.
Wenn wir dann geschlüpft sind, versammeln wir uns
oft in einer Art "Pinguin-Kindergarten": Dort werden
wir von allen Eltern gemeinsam gefüttert.
Wenn wir einen Fischschwarm entdecken, legen
manche von uns manchmal 100 Kilometer im
Wasser zurück. Wir können unsere Luft unter
Wasser bis zu sechs Minuten anhalten.
Bei einem erfolgreichen Fischzug kann ein
Königspinguin etwa 15 Kilo Fisch fressen oder zum
Füttern der Jungen sammeln.

Wenn wir groß sind, können wir auch große Fische schnappen und oft auch kleine Krebse."

Käpt'n Einauge erzählt:

„Es war einmal ein kleiner Pinguin-Junge namens Horst. Von klein auf hatte er schon immer eine besondere Vorliebe für Gemüse und Obst gehabt. Im Gegensatz zu den meisten anderen Pinguinen, die Fische liebten, fühlte sich Horst eher von grünem Blattgemüse angezogen.
Eines Tages saß Horst am Ufer des Südpolarmeeres und beobachtete die Fischerboote in der Ferne. Er bemerkte, wie die Pinguine mit ihren Fangnetzen Fische aus dem eiskalten Wasser zogen. Doch statt Freude empfand Horst Mitleid mit den armen Fischen.
„Warum müssen sie nur immer wieder diese Tiere fangen?" dachte er traurig vor sich hin. „Es muss doch auch eine andere Möglichkeit geben."
Horsts Entschluss stand fest - er wollte keinen Fisch mehr essen und stattdessen vegetarisch leben!
Seine Eltern waren überrascht von dieser Entscheidung, unterstützten ihn aber in seinem Vorhaben.
Gemeinsam tüftelten sie an neuen Rezepten ohne Fisch oder tierische Produkte herum und lernten viel über gesunde Zutaten aus der Natur.
Vollkorngetreideprodukte, frisches Obst sowie die Hingabe für das Kochen veganer Gerichte wurden schnell zur Leidenschaft ihrer Familie.
Schließlich hatte Horsts Idee so große Wellen geschlagen (im wahrsten Sinne des Wortes), dass

seine Mutter ihm einen alten verlassenen Eisberg zum Traum verwandelte: Eine vegane Küche!
Sie betraten das umgebaute Eisberggebäude zusammen mit druckfrischen Flyern mit der Aufschrift „Vegane Pinguin Küche". Horst fühlte sich wie ein stolzer Chefkoch, sobald er seine Schürze anlegte und die köstlichen veganen Speisen für seine Gäste zubereitete.
Es dauerte nicht lange, bis Touristen aus aller Welt von der innovativen Idee hörten. Sie waren beeindruckt von dem Konzept „Vegane Pinguin Küche" und strömten in das kleine Restaurant, um die gesunden Mahlzeiten zu probieren.
Horsts Teller waren immer voller leckerer Gemüsespieße, frischer Salate mit hausgemachtem Dressing und bunten Obstschalen. Alles wurde liebevoll angerichtet - es gab sogar vegane Eisbecher als Nachtisch!
Die Menschen genossen ihre Zeit bei „Vegane Pinguin Küche" so sehr, dass viele von ihnen beschlossen, auch zu Hause weniger Fleisch zu essen oder sich komplett vegetarisch oder sogar vegan zu ernähren.
Wie Tante Katharina und Onkel Marvin.
Mit jedem Tag wuchs das Geschäft weiter und Horst fühlte sich glücklich dabei, anderen Menschen geholfen zu haben, eine gesunde Alternative zur traditionellen Ernährung kennenzulernen. Seine Familie half ihm dabei, Wissen über nachhaltige Landwirtschafts-Methoden sowie tierfreundliche Lebensmittelproduktion weiterzugeben.
So verwandelte Horsts Vision nicht nur den Südpol in einen Ort der grüneren Art des Essens sondern ermutigte auch andere dazu, bewusster mit ihrer

Ernährung umzugehen - ganz gleich ob sie Fische
oder Gemüse bevorzugten!"

Pingu schaute zu der großen Uhr, die an der Wand
hing.
„Niclas, Du musst jetzt aber schlafen gehen, ich bin
auch sehr müde. Wir treffen uns bestimmt wieder
beim großen Kindergartenfest."

Erdi

Am Tag darauf traf Niclas ein Tierbaby, das ihm
folgende Geschichte erzählte:
„Ich heiße Erdi und bin ein Erdmännchen.
Wir sind die besten Teamworker. Ob Wache
schieben oder auf die Jungen aufpassen – dank der
Arbeitsteilung meistern wir das Leben in den
Savannen im Süden Afrikas perfekt.
Unser Körper ist lang und schlank und wird 25 bis 35
Zentimeter groß. Wir wiegen im Durchschnitt 800
Gramm. Unser Fell ist graubraun bis weißgrau, das
Unterfell hat einen leicht rötlichen Farbton.
Wir haben einen sehr hoch entwickelten Geruchssinn
und können sehr gut sehen.
Wir besiedeln weite Ebenen in Savannen, steinigen
Trockengebieten und Halbwüsten, in denen es kaum
Sträucher und Bäume gibt. Es gibt sechs
verschiedene Unterarten von uns, die in
unterschiedlichen Regionen in Afrika wohnen.
Wir leben in Familien, die sich zu Kolonien von bis zu
30 von uns zusammentun und in Bauten oder
Erdspalten wohnen. Weil wir Wärme lieben, sieht

man uns oft vor unserem Bau in der Sonne sitzen.
Vor allem in den Morgenstunden ist es sehr
angenehm.
Wenn wir ruhen, sitzen wir auf dem Po, Hinterbeine
und Schwanz sind dabei nach vorn gerichtet. Nachts
kuscheln wir uns, um uns zu wärmen, zu mehreren in
unserem Bau zusammen.
Hier muss ich Dir was verraten, wir sind sehr
futterneidisch - selbst wenn wir satt sind, versuchen
wir, unseren Freunden das Futter abzujagen.
Wir besitzen spezielle Duftdrüsen, mit denen wir
unser Revier markieren, außerdem erkennen wir am
Duft die Mitglieder unserer Gemeinschaft.
Unsere Hauptfeinde sind Greifvögel wie zum Beispiel
Geier. Unsere Mamas bringen zwei bis vier Junge
zur Welt. Wir wiegen nur 25 bis 36 Gramm, sind
noch blind und taub und deshalb völlig hilflos. Erst
nach zwei Wochen öffnen wir Augen und Ohren.
Mit drei Monaten sind wir dann selbstständig, bleiben
aber im Familienverband. Bei Gefahr stoßen wir
schrille Rufe aus. Um zu warnen, geben wir auch
glucksende Laute von uns.
Unsere Hauptspeise sind Insekten und Spinnen."

Käpt'n Einauge erzählt:

„Es war einmal ein kleines Erdmännchen namens
Egon. Es lebte mit seiner Familie in einer kleinen
Höhle am Rande der afrikanischen Savanne. Schon
seit er denken konnte, hatte Egon einen großen
Traum: Er wollte Architekt werden und unglaublich
hohe Wolkenkratzer bauen.
Eines Tages, als Egon gerade dabei war, Hügel zu
graben und kleine Tunnel zu bauen, saß er vor
seiner Höhle und beobachtete die Elefanten beim
Planschen im Fluss. Plötzlich hörte er ein
aufgeregtes Geschnatter über seinem Kopf.
Es waren Zugvögel aus Europa, die sich auf ihrem
Weg nach New York befanden. Sie hatten von
Egons außergewöhnlichen Fähigkeiten gehört und
waren gekommen, um ihn zu treffen.
„Du musst unbedingt mit uns nach New York
kommen", zwitscherten sie aufgeregt durcheinander.
„Dort gibt es so viele tolle Wolkenkratzer! Du
könntest dort deine Träume verwirklichen!"
Egon war hin- und hergerissen. Auf der einen Seite
liebte er seine Familie in Afrika sehr und wollte nicht
von ihnen getrennt sein. Auf der anderen Seite
sehnte sich sein Herz danach, seine Leidenschaft für
das Bauen in Erfüllung gehen zu lassen.
Nach langem Überlegen fasste Egon einen
Entschluss: Er würde sich seinen Traum nicht
nehmen lassen! Und so packte Egon seine Sachen
zusammen – jede Menge Werkzeug wie Spaten und
Schaufeln – sowie Proviant für die lange Reise nach
Amerika.

Die Reise dauerte mehrere Wochen. Egon genoss
es, auf seiner Reise viele neue Länder zu entdecken.
Endlich kam der Tag, an dem er in New York ankam.
Egon konnte seinen Augen kaum trauen! Überall
ragten riesige Gebäude in den Himmel und glitzerten
im Sonnenlicht. „Das ist genau mein Platz!", dachte
er sich voller Begeisterung.
Er besuchte die besten Schulen und lernte alles über
Architektur. Seine Entwürfe waren fantastisch – mit
vielen Kurven, runden Formen und leuchtenden
Farben sollten seine Wolkenkratzer das Stadtbild von
New York noch spektakulärer machen.
Es dauerte nicht lange, bis Egons Talent bemerkt
wurde. Die Menschen strömten aus aller Welt herbei,
um seine Entwürfe bestaunen zu können. Egon
fühlte sich wie das glücklichste Erdmännchen auf der
ganzen Welt!
Doch trotz seines großen Erfolges vermisste Egon
manchmal seine Familie in Afrika sehr. Also
beschloss er eines Tages, zurückzukehren – aber
nur für kurze Zeit! Er wollte ihnen von seinen
Abenteuern berichten und ihnen all die Geschichten
über den Big Apple, wie New York genannt wird,
erzählen.
Als Egon schließlich wieder bei seiner Familie
ankam, staunten sie alle nicht schlecht! Alle waren
so stolz auf ihn und hörten gebannt seinen
Erzählungen zu - wie er als kleines Erdmännchen
nach New York reiste und dort zum berühmtesten
Architekten des Landes wurde.
Die Heimat war schön anzusehen: Der afrikanische
Boden unter ihren Füßen fühlte sich warm und
vertraut an. Doch Egon wusste, dass er seinen
Träumen weiterhin folgen musste.

Und so kehrte er zurück nach New York, um noch
beeindruckendere Wolkenkratzer zu entwerfen und
die Herzen der Menschen mit seiner Kunst zu
erobern. Er war fest davon überzeugt, dass man
immer seine Leidenschaften verfolgen sollte – egal
wie weit der Weg ist oder wie hoch die Ziele sind.
Moral: Folge deinen Träumen und gib niemals auf -
auch wenn es bedeutet, das Gewohnte hinter sich zu
lassen!"

Erdi schaute zu der großen Uhr, die an der Wand
hing.
„Niclas, Du musst jetzt aber schlafen gehen, ich bin
auch sehr müde. Wir treffen uns bestimmt wieder
beim großen Kindergartenfest."

Esi

Am Tag darauf traf Niclas ein Tierbaby, das ihm
folgende Geschichte erzählte:
„Ich heiße Esi und bin ein Eselbaby.
Wir gehören zur Familie der Pferde und sehen ein
bisschen aus wie ein zu kleines Pferd mit zu großem
Kopf und zu großen Ohren.
Wir haben eine kurze, aufrechtstehende Mähne, sind
oft grau gefärbt und tragen einen dunklen Strich auf
dem Rücken; manche haben auch Streifen auf den
Beinen.
Wir werden nach unserer Schulterhöhe in
verschiedene Gruppen eingeteilt:

Zwerg- Normal und Eisen- Esel. Entsprechend unterschiedlich ist auch unser Gewicht. Wir wiegen zwischen 80 und 450 Kilogramm.
Unsere Verwandten, die Wildesel, stammen aus den bergigen Steinwüsten Nordafrikas.
Als Haustiere gehaltene Esel gibt es in Europa, Asien und Nordafrika. Wir können bis zu 50 Jahre alt werden. Wir gehören zu den ältesten Haustieren des Menschen: schon vor 6000 Jahren in Ägypten wurden meine Vorfahren als Last- und Reittiere gehalten.
Wir gelten als störrisch und dumm. Deshalb werden wir von Menschen oft sehr schlecht behandelt und geschlagen. Doch in Wirklichkeit haben wir nur unseren eigenen Kopf und ordnen uns nicht einfach unter. Wir sind sehr klug, tapfer und vorsichtig. In einer gefährlichen Situation bleiben wir erst mal stehen und überlegen, wie wir am besten reagieren, anstatt kopflos davon zu rennen wie ein Pferd.
Nur Raubtiere können uns gefährlich werden. Wird aber eine ganze Herde angegriffen, bildet wir einen Kreis und schlagen selbst große Raubtiere mit heftigen Huftritten in die Flucht.
Etwa zwölf bis dreizehn Monate nach der Paarung kommt das Eselkind zur Welt: Es kann sofort laufen und hat ein dichtes Fell, das vor Kälte und zu großer Hitze schützt.
Ein Baby wird bis zu acht Monate von seiner Mutter gesäugt, doch schon nach einer Woche beginnt es nach und nach, auch Gras und Heu zu fressen.
Wir verständigen uns mit dem typischen "I-AHH". Daneben können wir noch ohrenbetäubend schreien und stöhnen.

Auch wenn wir noch so viel arbeiten, brauchen wir
nur wenig zu fressen: hartes Gras und Heu genügen.
Auf der Weide naschen wir außerdem Blätter von
Bäumen. Hafer, Gerste und Weizen sind für uns
schöne Leckerbissen.
Im Sommer, wenn es auch bei uns warm und trocken
ist, sind wir am liebsten Tag und Nacht auf der
Weide.
Wir brauchen wenig Pflege. Es reicht, wenn man ab
und zu unser Fell bürstet.
Die Sohlen der Hufe dagegen müssen möglichst
jeden Tag gereinigt werden und der Hufschmied
muss den nachgewachsenen Huf regelmäßig
schneiden."

Esi mit einem Freund vor dem Kino

Käpt'n Einauge erzählt:

„Es war einmal ein Esel namens Gabriel, der auf einer kleinen Farm lebte. Er hatte große Träume und wollte die Welt erkunden. Aber es gab ein kleines Problem: Als Esel konnte er nicht fliegen.
Eines Tages saß Gabriel am Ufer eines Flusses und beobachtete die Vögel hoch oben in den Wolken. Er dachte: „Wie schön wäre es, wenn ich fliegen könnte!" Da kam ihm eine Idee - er wollte ein Flugzeug erfinden!
Gabriel ging zu seinem besten Freund, dem Schwein Oswald, und erzählte ihm von seiner Idee. Oswald grunzte vor Freude und sagte: "Dann lass uns gemeinsam das beste Flugzeug aller Zeiten bauen!" Sie begannen mit Holzbrettern, Schrauben und einem alten Propeller, den sie auf dem Dachboden fanden. Tag für Tag arbeiteten sie an ihrem Projekt, während alle anderen Tiere skeptisch zuschauten. Endlich war es soweit – das selbstgebaute Flugzeug stand fertig vor ihnen! Gabriel sprang hinein und bat Oswald, einzusteigen. Mit lauten Motorengeräuschen rollten sie über die Wiese bis zum Ende des Feldes. Als Gabriel versuchte, abzuheben, stellte sich heraus, dass es ein Fehlschlag war. Das selbstgemachte Flugzeug blieb einfach stehen! Traurig stieg der Esel aus dem Cockpit aus und meinte deprimiert: „Ich glaube, wir haben etwas Wichtiges vergessen."
Aber dann hatte Schwein Oswald die rettende Idee! „Raketenantrieb!". Mit funkelnden Augen wartete Oscar darauf, dass Gabriel seine Stimme wiedergewann.

Gabriel stimmte begeistert zu: „Ja, natürlich! Eine
Rakete könnte uns in den Himmel schießen". Sie
begannen erneut mit ihrer Arbeit und diesmal fanden
sie alte Feuerwerksraketen im Schuppen. Mit einigen
Änderungen befestigten sie diese an ihrem
Flugzeug.
Als alles bereit war, zündeten sie die Raketen. Ein
lautes "Puff" ertönte und das Flugzeug schoss wie
eine echte Rakete davon! Die Tiere auf der Farm
staunten nicht schlecht, als Gabriel und Oswald hoch
über ihnen durch den blauen Himmel rasten.
Mit wehenden Eselohren genoss Gabriel die
Aussicht von oben. Er schaute hinunter auf sein
Zuhause -die kleine Farm- und dachte daran zurück,
wie er sich gefühlt hatte, als er noch nicht fliegen
konnte. Jetzt konnte er sich keinen schöneren Ort
mehr vorstellen!
Voller Abenteuerlust flogen die beiden Freunde
weiter in ihrem selbstgebauten Düsenjäger hinein ins
Unbekannte - immer auf der Suche nach neuen
Geschichten zum Erzählen."

Esi schaute zu der großen Uhr, die an der Wand
hing.
„Niclas, Du musst jetzt aber schlafen gehen, ich bin
auch sehr müde. Wir treffen uns bestimmt wieder
beim großen Kindergartenfest."

Pingu

Erdi

Schafi

Am Tag darauf traf Niclas ein Tierbaby, das ihm
folgende Geschichte erzählte:
„Ich heiße Schafi und bin ein Schaf.
Wir sind Säugetiere und gehören wie Ziegen, Rinder
und Antilopen zur Familie der Hornträger.
Die Männchen heißen Widder und sind sehr viel
größer und stärker als die weiblichen Schafe. Die
jungen Schafe im Alter bis zu einem Jahr werden
Lämmer genannt.
Ein typisches Kennzeichen ist unser Fell, das zu
Wolle verarbeitet wird. Es kann weiß, grau, braun,
schwarz oder auch gemustert sein und besteht aus
der dichten, gekräuselten Unterwolle und den
darüber liegenden dickeren Haaren.
Je feiner und gekräuselter die Wolle ist, umso
wertvoller ist sie. Unsere Wolle fühlt sich richtig fettig
an. Das kommt vom Lanolin, einem Fett, das von
den Hautdrüsen produziert wird. Es schützt die Wolle
vor Nässe. Selbst beim stärksten Regen bleibt die
Unterwolle schön warm und trocken.
Unsere Verwandte, das Europäische Wildschaf,
kamen früher von Ungarn bis Süddeutschland und im
ganzen Mittelmeer-Gebiet vor.
Wir werden meistens zwischen zehn und zwölf Jahre
alt, allerhöchstens 20 Jahre. Mutterschafe leben nur
fünf bis sechs Jahre.
Wir sind reine Herdentiere und mögen es überhaupt
nicht, alleine zu sein. Nur zusammen mit unseren
Artgenossen fühlen wir uns sicher und geborgen.
Innerhalb der Herde bilden sich kleine Gruppen aus
verwandten weiblichen Tieren. Eine strenge
Rangordnung gibt es aber nicht.

Wir haben sehr gute Augen und brauchen sie, um
rechtzeitig Feinde zu entdecken. Wilde Schafe
können einen Feind schon auf mehrere hundert
Meter Entfernung erkennen. Außerdem haben wir
eine feine Nase. Unsere Feinde sind in erster Linie
Luchs, Fuchs und Adler.
Wir sind nicht wählerisch mit unserem Futter. Jedes
Gras und Kraut, das uns vor die Schnauze kommt,
wird gefressen.
Wir sind wie Kühe Wiederkäuer: Wir würgen das
Futter einige Stunden nach dem Fressen wieder
hoch und kauen es noch einmal gründlich, bevor es
dann endgültig im Darm verdaut wird.
Den Winter verbringen wir meistens im Stall.
Nur in ganz milden Gegenden, in denen es wenig
Schnee gibt und kaum friert, können wir auch in der
kalten Jahreszeit draußen bleiben.“

Käpt'n Einauge erzählt:

„Es war einmal ein kleines Schaf namens Theo.
Theo lebte glücklich auf einer wunderschönen
grünen Weide mit vielen anderen Schafen. Doch
nachdem er tagaus, tagein nur Gras gefressen hatte,
wurde es ihm langweilig.
Eines Tages setzte sich Theo unter einen Baum und
dachte über sein Leben nach. „Ich möchte etwas
Besonderes machen", überlegte er laut. „Aber was
kann ich tun?"
Da hatte sein Freund Willi, das schlaue
Eichhörnchen, eine Idee, als es an ihm

vorbeihuschte: „Hey Theo! Warum nicht eine Pulloverfabrik für andere Tiere gründen? Du könntest weiche und warme Pullover aus deiner Wolle herstellen!"
Theo fand diese Idee großartig! Er sah seine flauschige Wolle an und dachte darüber nach, wie viele Tiere bei kaltem Wetter sicherlich gerne so einen kuscheligen Pullover tragen würden.
Theo ging also in die nächste Stadt und kaufte Wolle in allen möglichen Farben. Dann kehrte er zurück auf die Weide und begann damit, wunderbare Pullover zu stricken.
Schon bald hatte das kleine Schaf seine eigene kleine Fabrik gebaut. Jeden Tag brachten andere Nutztiere ihre Körpermaße mit. Hunde, Kühe und sogar Pferde - jeder wollte seinen eigenen maßgefertigten Pullover vom talentierten kleinen Theo haben!
Doch dies reichte dem cleveren Schaf immer noch nicht aus – es gab noch viel mehr zu tun!
„Eine Milchmanufaktur", murmelte der neugierige Geist begeistert. „Das wäre fantastisch! Aber keine gewöhnliche Milch. Erdbeermilch!"
Theo wusste, dass er gute Arbeit leistete – das füttern und Melken der Schafe jeden Tag war härter als es aussah!
Aber nichtsdestotrotz suchte Theo nach einem Rezept für köstliche Erdbeerschafsmilch.
Also machte sich das kleine Schaf daran, frische Erdbeeren zu pflücken und sie mit seiner hochwertigen Schafsmilch zu mischen. Das Ergebnis war einfach fantastisch – eine köstlich cremige, leicht süße Milch mit dem wunderbaren Geschmack von saftigen Erdbeeren!

Die Nachfrage nach Theos Rezepten stieg schnell
an! Tiere aller Art strömten zur Weide, um seine
Leckereien auszuprobieren.
Theo hatte sein Ziel erreicht: Er hatte nicht nur
anderen Tieren geholfen, warm und modisch
gekleidet durch den Winter gehen zu können,
sondern auch ihren Durst stillen können."

Schafi schaute zu der großen Uhr, die an der Wand
hing.
„Niclas, Du musst jetzt aber schlafen gehen, ich bin
auch sehr müde. Wir treffen uns bestimmt wieder
beim großen Kindergartenfest."

Eisi

Am Tag darauf traf Niclas ein Tierbaby, das ihm
folgende Geschichte erzählte:
„Ich heiße Eisi und bin ein Eisbär.
Wir sind im Schnitt 2,5 Meter lang und wiegen fast
eine halbe Tonne. Wir Eisbären, ok, nicht ich, weil
ich noch ein Baby bin, aber mein Papa zum Beispiel,
können bis zu 3 Meter groß werden, wenn wir uns
aufrichten.
Wir haben den typischen Körperbau eines Bären.
Unser Körper ist allerdings länger als der von
Braunbären.
Uns gibt es nur auf der nördlichen Halbkugel der
Erde und wir sind dort in den arktischen Regionen
von Europa, Asien und Nordamerika zuhause.
Unsere Mamas verbringen den Winter in
Schneehöhlen, die Papas ziehen auch im Winter

umher und graben sich nur bei extremer Kälte für
einige Zeit in eine Schneehöhle ein. Wir halten auch
keinen Winterschlaf.
Unser dichtes Fell funktioniert wie eine Thermojacke:
die bis zu 15 Zentimeter langen Haare sind hohl, so
dass ein Luftpolster entsteht, das uns vor Kälte
schützt.
Unsere mehrere Zentimeter dicke Speckschicht trägt
ebenfalls dazu bei, dass uns auch im eisigsten Sturm
nicht kalt wird.
Wir können zwar nicht gut sehen, dafür aber sehr gut
riechen. Wir können bis zu 40 Kilometer pro Stunde
schnell sein und sind sehr gute Schwimmer.
Der größte Feind der Eisbären ist der Mensch. Wir
wurden seit jeher wegen unseres Fells gejagt.
Nach etwa acht Monaten bringen die Mamas die
Jungen zur Welt, meist sind es zwei. Bei der Geburt
sind wir nur 20 bis 30 Zentimeter groß und wiegen
600 bis 700 Gramm, sind noch blind und taub,
besitzen nur wenige Haare und sind deshalb völlig
auf die Fürsorge unserer Mamas angewiesen.
Anders als die meisten anderen Bären sind wir reine
Fleischfresser. Wir erbeuten vor allem Robben und
machen Jagd auf Fische, das macht besonders viel
Spaß."

Käpt'n Einauge erzählt:

„Es war einmal ein kleines Eisbärbaby namens Emil,
das auf einer kleinen Eisscholle geboren wurde. Emil
hatte große Träume und wollte die Welt erkunden,
genauso wie der berühmte Entdecker Columbus.
Doch wo sollte er anfangen?
Eines Tages hörte Emil von einem Land namens
Amerika, das voller Abenteuer und unbekannter Orte
war. Voller Neugier beschloss er also, dorthin zu
reisen. Er schwamm stundenlang durch das eiskalte
Meer und trotzte den gefährlichen Wellen.
Endlich erreichte Emil die Küste von Amerika und
landete in einem wunderschönen Wald nahe einer
kleinen Stadt. Als Eisbär fiel er natürlich sofort auf!
Die Menschen waren überrascht von dem niedlichen
Besucher aus der Arktis.
Emil machte sich auf den Weg in die Stadt und traf
dort einen freundlichen Mann namens Herr Kennedy.
Dieser fand Emils Geschichte so spannend, dass er
ihm helfen wollte, seine Reise fortzusetzen.
„Gib nicht auf!", sagte Herr Kennedy zu Emil
mitfühlend.
„Wir können gemeinsam nach weiteren
Informationen suchen."
Sie zogen los zur örtlichen Bibliothek und lasen viele
Bücher über Entdeckungsreisen vergangener Zeiten
– besonders über Columbus' Reise nach Amerika
500 Jahre zuvor.
Die Geschichte beflügelte Emils Fantasie noch mehr!
„Wenn Columbus es schafft", dachte er sich, „kann
ich das auch."
Emil begann damit, eine kleine Flotte zusammen-
zustellen – sein eigenes Schiff für große Abenteuer!

Zusammen mit seinem neuen Freund Herrn Kennedy
brachte ihn das Schiff über Flüsse, Seen und Meere.
Nach einigen Wochen erreichten sie schließlich eine
Insel. Dort sahen sie etwas Wundervolles – eine
wunderschöne Keksfabrik!
Emil hatte vorher noch nie Kekse probiert und war
fasziniert von den köstlichen Düften, die aus der
Fabrik strömten. Emil kam auf die Idee, seine eigene
kleine Keksfabrik zu eröffnen.
Mit Hilfe von Herrn Kennedy entwickelte Emil
einzigartige Eisbärkekse in Form kleiner
Bärenpfoten. Die Kekse wurden schnell berühmt für
ihren leckeren Geschmack.
Die Menschen waren begeistert von den neuen
Eisbärkeksen und Emils Geschichte verbreitete sich
wie ein Lauffeuer durch die Stadt. Bald darauf
eröffnete Emil offiziell seine eigene kleine Keksfabrik
neben der großen Fabrik, die ihn inspiriert hatte.
Von diesem Tag an wurde Emil als "der mutige
Entdecker mit dem leckeren Gebäck" gefeiert. Er
wurde Teil der Gemeinschaft Amerikas anstatt
wieder nach Hause zurückzukehren – genau wie
Columbus vor ihm!
Und so zeigte uns diese Geschichte vom kleinen
Eisbärbaby Emil aus Amerika einmal mehr: Mit
Neugierde, Mut und einer Prise Fantasie können wir
unsere Träume verwirklichen!"

Eisi schaute zu der großen Uhr, die an der Wand
hing.
„Niclas, Du musst jetzt aber schlafen gehen, ich bin
auch sehr müde. Wir treffen uns bestimmt wieder
beim großen Kindergartenfest."

Kami

Am Tag darauf traf Niclas ein Tierbaby, das ihm
folgende Geschichte erzählte:
„Ich heiße Kami und bin ein Kamel.
Wir Kamele sind perfekt an ein Leben in der Wüste
angepasst. Zu uns zählen die einhöckrigen
Dromedare aus Nordafrika und Arabien sowie die
zweihöckrigen Trampeltiere aus Asien.
Wir haben keine Hufe, sondern nur sehr kleine,
fingernagelähnliche Gebilde, die die Vorderkante der
Füße schützen. Die Schwielen an den Füßen sorgen
dafür, dass unser Gewicht auf dem losen Sandboden
verteilt wird und wir so nicht einsinken können. Am
Brustbein, an den Ellenbogen sowie an Ferse und
Knie besitzen wir dicke Hornschwielen.
Unsere Schulterhöhe ist zwischen 2,3 und 2,5
Metern. Von der Schnauze bis zum Po messen wir
zwischen 2,2 und 3,4 Meter. Wir wiegen zwischen
450 und 650 Kilogramm.
Unsere Oberlippe ist gespalten, die Nasenlöcher sind
schlitzförmig. Sie können verschlossen werden und
sind so vor Sand geschützt.
Wir entstanden vor etwa 40 bis 50 Millionen Jahren
in Nordamerika. Dort sind wir längst ausgestorben.
Unsere Verwandten, die Lamas, kamen während der
Eiszeit nach Südamerika und haben dort überlebt.
Wir können 40 bis 50 Jahre alt werden.
Wir werden auch als Fell-, Fleisch-, Fett- und
Milchlieferanten gezüchtet. Die Mamas geben pro
Tag acht bis zehn Liter Milch. Aus dem langen Fell
werden Kleidung und Decken hergestellt. Und
schließlich wird unser Kot als Dünger und
Brennmaterial verwendet.

Die Tragzeit dauert lange: Die Mamas ziehen sich zwölf Monate nach der Paarung für kurze Zeit von der Herde zurück und bringen ein Junges zur Welt. Das Fohlen wiegt etwa 30 bis 50 Kilogramm. Schon kurze Zeit nach der Geburt kann es auf seinen dünnen Beinen stehen und der Mutter folgen. Beide kehren dann zur Herde zurück. Das Junge wird ein bis eineinhalb Jahre lang gesäugt, fängt aber schon bald an, an trockenen Grashalmen zu knabbern. Nach zwei Monaten frisst es regelmäßig Pflanzen."

Käpt'n Einauge erzählt:

„In der wunderschönen Wüste lebte eine kleine Kamelfamilie. Mama Kamel und Papa Kamel waren sehr stolz auf ihren kleinen Schatz Johann. Er hatte einen weichen, flauschigen Rücken und große, neugierige Augen.
Eines Tages beschloss Johann, die Welt außerhalb der Wüste zu erkunden. Es wollte Abenteuer erleben und Neues entdecken. Doch seine Eltern waren besorgt um ihr Kleines und sagten: „Pass gut auf dich auf!"
Das Abenteuer begann am nächsten Morgen sehr früh. Das Babykamel trabte los – es versuchte immer wieder zu navigieren mit Mama's Regel im Hinterkopf: Immer aufzupassen.
Der windige Tag brachte viele Überraschungen mit sich für das neugierige kleine Kamel. Als erstes traf es eine lustig aussehende Fledermaus namens Fledi. Die beiden wurden schnell Freunde und Fledi zeigte dem kleinen Babykamel den Weg zurück zur Wüste.

Und dann trafen sie ein freundliches Dromedar
namens Dromi. Dromi musste lachen, als ihm auffiel,
wie süß das Babykamel war. Er lud es zum
gemeinsamen Mittagessen in einer Oase ein.
Nachdem sie ihre Bäuche vollgeschlagen hatten,
erzählten die drei sich gegenseitig Geschichten über
ferne Länder, vom Pazifik und von Oasen.
Als die Sonne schon tief stand, machte sich
schließlich jedes Tier auf den Weg, um nach Hause
zurückzukehren. Dromi wollte ein Hotel eröffnen und
fragte Johann, das kleine Kamel, ob es nicht
mitkommen wollte. Aber nein, die Mama würde sich
Sorgen machen! Also sagte Johann "Auf
Wiedersehen" und machte sich auf den Heimweg.
Dank der Beschreibungen von Fledi war es für das
kleine Kamelbaby leichter, den Weg zurück in die
Wüste zu finden. Es fand sogar auch noch einige
leckere Blumen zum Abendessen!
Am Ende eines abenteuerlichen Tages kehrte das
müde Babykamel wohlbehalten nach Hause zurück.
Seine Mutter umarmte es ganz fest: „Wir waren so
besorgt um dich!"
Das kleine Kamel erzählte begeistert von all seinen
Erlebnissen mit Fledi und Dromi am Abend vor dem
Einschlafen. Mama und Papa Kamel hörten
gespannt zu und freuten sich für ihr kluges Kind.
Und so endete dieser aufregende Tag im Leben des
kleinen Johann mit einer warmen Umarmung seiner
Familie. Er war glücklich, zufrieden und voller
Vorfreude auf weitere Abenteuer in der weiten
Wüste."

Kami schaute zu der großen Uhr, die an der Wand hing.
„Niclas, Du musst jetzt aber schlafen gehen, ich bin auch sehr müde. Wir treffen uns bestimmt wieder beim großen Kindergartenfest.“

Kami

Schafi

Eisi

Tigi

Am Tag darauf traf Niclas ein Tierbaby, das ihm
folgende Geschichte erzählte:
„Ich heiße Tigi und bin ein Tiger.
Wir Tiger gehören zu der Gattung der Katzen,
werden aber viel größer als eine normale Hauskatze.
Manche Tigermännchen können dreieinhalb Meter
lang werden und 280 Kilo wiegen. Wir haben das
typische runde Katzengesicht mit den langen
Schnurrhaaren über dem Maul. Unser Fell ist auf
dem Rücken und an den Beinen rötlich-gelb bis
rostrot und mit schwarzbraunen Streifen gezeichnet.
Offenes Gelände, wo andere Tiere uns sehen
können, mögen wir gar nicht. Deshalb bleiben wir
lieber im dichten Wald und bevorzugen schattige und
feuchte Schlupfwinkel. Wenn wir den Schutz der
Bäume doch einmal verlassen müssen, dann
verstecken wir uns im hohen Gras oder im Schilf. Wir
können 25 Jahre alt werden. Doch die meisten
sterben in einem Alter von 17 bis 21 Jahren. Es
stimmt, wir sind faul. Wie alle Katzen lieben wir es,
vor uns hin zu dösen und zu faulenzen. Nur wenn es
sein muss, gehen wir auf Beutefang oder an den
Fluss, um Wasser zu trinken. Allerdings nehmen wir
auch sehr gerne ein kühles Bad im Wasser.
Zudem sind wir Einzelgänger. Wenn wir ein Beutetier
erlegt haben, fressen wir, bis wir satt sind. Dann
verstecken wir uns erst einmal und ruhen, um zu
verdauen.
Nach hundert Tagen Tragzeit bringt uns unsere
Mama an einem geschützten Ort zur Welt. Fünf bis
sechs Wochen lang ernährt sie uns mit ihrer Milch.

Danach füttert sie uns mit ihrer Jagdbeute, die sie anfangs auswürgt.

Spätestens wenn wir ein halbes Jahr alt sind, beginnen wir, den Mamas bei der Jagd zu folgen. Schon sechs Monate später müssen wir selbst die Beute erlegen. Die Mutter jagt die Beutetiere zwar noch und reißt sie zu Boden. Doch den Todesbiss überlässt sie nun uns. Selbst auf der Jagd versuchen wir, uns möglichst wenig anzustrengen. Wir hetzen den Beutetieren nicht hinterher, bis sie müde sind - dafür sind wir leider nicht schnell genug. Stattdessen ziehen wir eine Überraschungstaktik vor: wir pirschen und lauern. Die Papas oder Mamas schleichen sich entweder an die Beute an oder sie verstecken sich am Flussufer. Denn dorthin müssen die Tiere kommen, um zu trinken. Wenn das Beutetier nahe genug ist, springen wir es an. So ein Sprung kann zehn Meter weit sein. Meist landen wir auf dem Rücken unserer Beute. Dann krallen wir uns fest und erlegen das Tier mit einem Biss ins Genick.

Wie alle Katzen verlassen wir uns hauptsächlich auf unsere Augen und Ohren.

Wir beherrschen einige Laute, die von zartem Schnurren und Maunzen bis zu ohrenbetäubendes Gebrüll reichen. Das laute Gebrüll dient zur Abschreckung oder dazu, Rivalen einzuschüchtern.

Zu unserer Lieblingsspeise zählen Büffel, Wildschweine und Hirsche.

Weil wir auf unserer Jagd aber oft erfolglos bleiben, begnügen wir uns häufig mit Schlangen, Termiten, Vogeleiern, Krabben, Eidechsen, Fröschen, Beeren oder Gras, um den Hunger zu stillen."

Käpt'n Einauge erzählt:

„Es war einmal ein Tiger namens Domian. Er lebte im großen Dschungel zusammen mit all den anderen Tieren. Domian hatte jedoch ein kleines Problem: Er stotterte.
Domian träumte schon immer davon, auf einer großen Bühne zu stehen und seine Stimme erklingen zu lassen. Besonders faszinierte ihn die Athener Oper, in der wunderschöne Aufführungen stattfanden. Doch sein Stottern hielt ihn zurück.
Eines Tages erzählte Domian seinem besten Freund, dem Elefanten Emil, von seinem Traum und seinen Sorgen wegen seines Stotterns. „Aber Domian", meinte Emil aufmunternd, „du hast eine so außergewöhnliche Stimme! Dein Stottern macht dich doch nur noch einzigartiger."
Die Worte seines Freundes ließen Domians Herz höherschlagen und er beschloss mutig, nach Athen zu reisen und sich bei der berühmten Oper vorzustellen.
Als er angekommen war, herrschte gerade reges Treiben hinter den Kulissen: Die Auswahl für einen neuen Tenor war im Gange! Mutig trat der stotternde Tiger auf die Bühne und begann, sein Lied anzustimmen.
Zu Beginn stockten seine Worte etwas, doch dann geschah etwas Magisches: Je mehr sich jeder einzelne Ton durchkämpfte, desto schöner wurde seine Stimme!
Die Direktorin der Oper saß beeindruckt da – sie hatte selten solch eine emotionale Darbietung gehört! Sie erhob sich applaudierend von ihrem Platz und verkündete laut: „Liebe Zuschauer, wir haben

unseren neuen Tenor gefunden – den
außergewöhnlichen Tiger Domian!"
Domian konnte sein Glück kaum fassen. Die anderen
Sänger und Tiere im Chor jubelten ihm zu und alle
waren von seiner Darbietung gerührt.
Von diesem Tag an war Domian ein sehr gefragter
Tenor in der Athener Oper. Sein Stottern wurde als
etwas Besonderes angesehen, denn es gab seinen
Auftritten eine einzigartige Note.
Obwohl er nun auf einer großen Bühne stand, blieb
Domian stets bodenständig und dankbar für die
Unterstützung von Emil und all den anderen Tieren,
die ihn ermutigt hatten.
Die Geschichte vom stotternden Tiger mit der
wundervollen Stimme verbreitete sich schnell im
ganzen Dschungel. Sie inspirierte viele junge
Künstler dazu, ihre Träume trotz vermeintlicher
Hindernisse zu verfolgen.
Und so sang der Tiger Domian jeden Abend in der
Athener Oper seine Lieder – eine Inspiration für alle
Menschen und Tiere gleichermaßen.
Diese Geschichte lehrte uns: Jeder hat Talente in
sich verborgen. Es liegt an uns selbst, sie
herauszufordern - auch wenn wir dabei über Hürden
wie das Stottern hinwegkommen müssen!"

Tigi schaute zu der großen Uhr, die an der Wand
hing.
„Niclas, Du musst jetzt aber schlafen gehen, ich bin
auch sehr müde. Wir treffen uns bestimmt wieder
beim großen Kindergartenfest."

Nasi

Am Tag darauf traf Niclas ein Tierbaby, das ihm
folgende Geschichte erzählte:
„Ich heiße Nasi und bin ein Nashorn.
Wenn wir erwachsen sind, sind wir von der Nase bis
zum Po bis zu 3,50 Meter lang und bringen bis zu
1500 Kilogramm auf die Waage. Vom Boden bis zur
Schulter sind wir 1,60 Meter hoch. Noch gewaltiger
ist das Breitmaulnashorn. Es ist die größte
Nashornart und wird bis zu 3,80 Meter lang. Vom
Boden bis zur Schulter misst es 1,50 bis 1,80 Meter.
Die Männchen werden 1,8 bis 3 Tonnen schwer,
manche sogar bis zu 3,5 Tonnen. Typisch für uns ist
unsere massige Gestalt mit dem Nackenbuckel, dem
leicht durchhängenden Rücken, den kurzen Beinen
und der grauen Farbe.
Unser Markenzeichen sind die beiden spitzen Hörner
auf der Nase: Das vordere ist etwas länger als das
Hintere und kann bis zu 100 Zentimeter lang sein.
Die Hörner bestehen aus einer klebrigen, extrem
festen Hornmasse, dem Keratin. Wird das Horn
verletzt oder bricht es ab, wächst es wieder nach.
Wir sind richtige „Dickhäuter". Unsere Haut ist im
Durchschnitt zwei Zentimeter dick, im Nacken sogar
bis zu viereinhalb Zentimeter. Sie schützt uns vor
Verletzungen durch Dornen und bei Angriffen von
Artgenossen.
Wir kommen ausschließlich in Afrika südlich der
Sahara vor. Früher waren wir in allen Savannen
Afrikas verbreitet.
Zum Überleben brauchen wir unbedingt
Wasserstellen zum Trinken sowie Schlammbäder.
Wir werden 40 bis 50 Jahre alt.

Wir können sehr gut hören und sehr gut riechen.
Wenn der Wind günstig steht, nehmen wir Gerüche
aus über 700 Metern Entfernung wahr.
Dafür sind unsere Augen relativ schwach: schon auf
20 bis 30 Metern Entfernung erkennen wir kaum
noch etwas deutlich. Wir sind jedoch sehr schnell.
Wir erreichen ein Tempo von bis zu 50 Kilometern
pro Stunde.
Wir sind sowohl am Tag als auch in der Nacht aktiv,
ziehen uns aber zur heißen Mittagszeit gerne in den
Schatten von Büschen und Bäumen zurück.
Schlammbäder lieben wir über alles: dabei wird die
Haut gepflegt und so werden wir Insekten und
andere Parasiten los.
Außer dem Menschen haben erwachsene Nashörner
keine Feinde -wir sind einfach zu stark und können
uns mit den Hörnern sehr gut verteidigen. Nur den
Kälbern können Löwen oder Hyänen gefährlich
werden, wenn die Mamas einmal nicht aufpassen.
Vom Menschen wurden und werden wir
erbarmungslos gejagt, weil unsere Hörner als
Trophäen und in manchen Ländern als Heilmittel
gelten, für die noch heute jeder Preis bezahlt wird,
obwohl wir inzwischen unter Schutz stehen.
Wir Babys kommen nach etwa 18 Monaten Tragzeit
zur Welt. Es kommt jeweils nur ein einzelnes Junges
zur Welt. Das ist aber schon bei der Geburt ein
Schwergewicht und wiegt zwischen 40 bis 60
Kilogramm.
Wir können grunzen, schnauben, seufzen, brüllen
und sogar ähnlich wie Elefanten trompeten. Rund 50
Prozent unserer Zeit verbringen wir mit Fressen.“

Käpt'n Einauge erzählt:

„Es war einmal ein kleines Nashorn namens Lilli, das
in der wunderschönen Schweiz lebte. Sie war immer
etwas anders. Sie konnte Trompete spielen.
Eines Tages bekam Lilli eine Einladung zu einem
großen Trompetenwettstreit im Herzen von Zürich.
Sie konnte es kaum glauben! Die besten Trompeter
aus der ganzen Welt waren dabei, um ihr Können
unter Beweis zu stellen.
Lillis Herz schlug vor Aufregung schneller, als sie auf
die Bühne trat und ihre große Chance bekam. Mit
einem lauten "Tuuut" blies sie in ihre Trompete und
erfüllte den Saal mit ihrem kraftvollen Klang. Das
Publikum jubelte und klatschte begeistert.
Die Jury war gerührt von Lilis außergewöhnlichem
Talent an der Trompete. Sie verliehen ihr nicht nur
den ersten Preis des Wettbewerbs, sondern auch
einen Gutschein für eine Reise nach Afrika – damit
Lilli endlich auf ihren Artgenossen treffen würde.
Voller Vorfreude machte sich Lilli auf den Weg nach
Afrika, wo sie wilde Abenteuer erlebte und viele
andere Nashörner traf. Sie lernte ihre Sprache
kennen, spielte mit ihnen Fangen durch die Savanne
und probierte sogar Dschungelgras – das beste
Essen aller Zeiten!
Aber trotz all des Spaßes vermisste Lili auch ihre
Freunde in der Schweiz sehr. Deshalb beschloss sie
eines Tages, zurückzukehren.
Mit ihrem unvergleichlichen Talent an der Trompete
hatte Lilli nicht nur die Herzen des Publikums,
sondern auch das des Vorsitzenden der Schweizer
Nationalbank erobert. Auch er war begeistert von
dem kleinen Nashorn, das mit so viel Leidenschaft

und Präzision musizierte. Lilli wurde von ihm als Leiterin der Notenbank eingestellt.

Von diesem Tag an leitete Lilli die Notenbank in Zürich und sorgte dafür, dass alles mit rechten Dingen zuging. Ihre Mitarbeiter mochten sie sehr. Lillis Leben war nun perfekt – sie konnte trompeten, ihre Heimat bereisen und eine wichtige Position in ihrem Land haben. Sie bewies allen immer wieder aufs Neue: Man sollte niemals aufgeben und immer seinen Träumen folgen.

Und wenn ihr einmal nachts das laute Trompeten eines Nashorns hört – dann ist es vielleicht Lilli, die ihrer Freude über ihr erfülltes Leben Ausdruck verleiht."

Nasi schaute zu der großen Uhr, die an der Wand hing.

„Niclas, Du musst jetzt aber schlafen gehen, ich bin auch sehr müde. Wir treffen uns bestimmt wieder beim großen Kindergartenfest."

Girri

Am Tag darauf traf Niclas ein Tierbaby, das ihm
folgende Geschichte erzählte:
„Ich heiße Giri und bin eine Giraffe.
Wir gehören zu den auffälligsten Tieren. Mit unserem
extrem langen Hals sind wir unverwechselbar.
Wir besitzen vier sehr lange Beine und haben von
allen Säugetieren den längsten Hals. Er besteht, wie
bei den meisten Säugetieren, auch nur aus sieben
Halswirbeln. Diese sind aber jeweils gut 40
Zentimeter lang und werden von sehr starken
Halsmuskeln gestützt.
Insgesamt erreichen wir damit eine Körperhöhe von
etwa 5,5 Metern, manchmal sogar noch mehr. Damit
sind wir die größten Tiere. Unser Körper wird bis zu
vier Meter lang und wir wiegen rund 700 Kilogramm.
Unser Fell ist braun bis beige und unterschiedlich
gemustert.
Wir leben ausschließlich in Afrika und sind in
Regionen südlich der Sahara bis nach Südafrika zu
finden. Wir leben am liebsten in Savannen, in denen
reichlich Büsche und Bäume wachsen. Wir werden
etwa 20 Jahre alt, manchmal auch 25 Jahre oder
etwas mehr. Wir leben in Gruppen von maximal 30
Tieren und sind tag- und nachtaktiv. Die
Zusammensetzung dieser Gruppen ändert sich
immer wieder.
Weil wir so groß sind und uns nur von Blättern und
Trieben ernähren, die ziemlich wenig Nährstoffe
enthalten, verbringen wir den größten Teil des Tages
mit Fressen. Dabei wandern wir von Baum zu Baum

und weiden auch noch Zweige in fünf Metern Höhe
ab.
Wir schlafen sehr wenig. Wir verbringen nur jeweils
wenige Minuten am Stück schlafend. Insgesamt sind
es weniger als zwei Stunden pro Nacht. Kurze
Schlafphasen sind für große Säugetiere typisch, da
sie in dieser Zeit vor Raubtieren nicht geschützt und
sehr gefährdet sind.
Typisch für uns ist außerdem der Gang, wir laufen im
sogenannten Passgang. Das heißt, dass die Vorder-
und Hinterbeine einer Seite gleichzeitig nach vorne
bewegt werden. Deshalb haben wir einen
schaukelnden Gang. Wir können aber trotzdem sehr
schnell werden und erreichen bei Gefahr ein Tempo
von etwa 60 Kilometern pro Stunde. Wir sind meist
sehr friedlich. Vielleicht kommt daher auch unser
Name. Die Bezeichnung "Giraffe" stammt nämlich
vom arabischen Wort "serafe" ab, was so viel wie
„die Liebliche" bedeutet. Wir haben zwar eine
Rangordnung, streiten aber so gut wie nie
miteinander. Nur ab und zu kann man beobachten,
dass zwei Bullen miteinander kämpfen. Dabei
schlagen sie mit den Köpfen gegeneinander. Diese
Schläge können eine so große Wucht haben, dass
manche sogar ohnmächtig werden.
Um den Schutz einer großen Herde zu genießen,
mischen wir uns oft unter Zebra- oder Gnu-Gruppen.
Unsere Babys werden nach einer Tragzeit von 15
Monaten geboren. Bei seiner Geburt hat ein
Giraffenbaby bereits eine Körperhöhe von zwei
Metern und wiegt über 75 Kilogramm. Die Mutter
steht bei der Geburt, so dass das Junge aus zwei
Metern Höhe zu Boden fällt.

Wir Babys können gleich nach der Geburt laufen. Im ersten Lebensjahr werden wir noch von der Mutter gesäugt. Nach dem ersten Lebensjahr sind wir selbstständig und verlassen unsere Mamas.
Von uns hören die Menschen keinen Laut - das heißt aber nicht, dass wir stumm sind. Wir verständigen uns vielmehr mit Infraschall, den Menschen nicht wahrnehmen können. Mit Hilfe dieser sehr tiefen Töne halten wir sogar über weite Entfernungen Kontakt zueinander.
Eine ausgewachsene Giraffe braucht etwa 80 Kilogramm Pflanzennahrung pro Tag.
Schwierig ist für uns das Trinken: da wir wegen unserer langen Beine nicht mit dem Kopf bis zum Wasser reichen, müssen wir unsere Vorderbeine spreizen, um bis auf den Boden zu gelangen. Wir können in Trockenzeiten aber auch lange ohne Wasser auskommen."

Käpt'n Einauge erzählt:

„Es war einmal eine kleine Giraffe namens Greta, die auf einer weit entfernten Insel lebte. Sie hatte einen großen Traum – sie wollte Piratin werden! Denn Greta fand Abenteuer und das Leben auf hoher See sehr spannend.
Eines Tages machte sich Greta mutig auf den Weg zum Hafen der Insel, um ihr Glück als Pirat zu suchen. Doch alle Schiffe waren schon besetzt und niemand nahm die kleine Giraffe mit an Bord. Traurig schlich sie durch die Straßen des Hafenviertels, als

plötzlich ein lautes Gepolter ihre Aufmerksamkeit erregte.

Ein kleiner Kater stürzte aus einem dunklen Seitengässchen direkt vor Gretas Füße. „Hilfe! Hilfe!", rief der verschreckte Kater. „Die bösen Ratten haben meine Freundin die Maus entführt und halten sie gefangen!" Das weckte das Mitgefühl von Greta sofort. Ohne zu zögern bot sie dem kleinen Kater ihre Hilfe an.

Gemeinsam schlichen sich Greta und der tapfere Kater in das Versteck der Rattenbande hinein: eine alte verlassene Scheune im Wald am Stadtrand. Um nicht entdeckt zu werden, duckten sich beide so tief wie möglich unter den Balken hindurch – aber leider reichte es trotzdem nicht ganz aus für die große Giraffe. Sie schafften es schließlich durch einen Seiteneingang.

Greta und der Kater krochen leise weiter durch die verfallene Scheune, bis sie einen Raum fanden, in dem ihre gefangene Freundin festgehalten wurde. Mit einem lauten Ruck öffnete Greta die Tür und rettete das arme Mäuschen. Gemeinsam flüchteten sie aus der Scheune, bevor die Rattenbande überhaupt realisierte, was passierte.

In den folgenden Wochen wurden Greta, der Kater und das Mäuschen beste Freunde. Sie genossen den langen Nachmittagen im Dschungel oder beim gemeinsamen Fischen am Meer. Doch im Herzen spürte Greta noch immer den Wunsch nach Abenteuern auf hoher See.

Eines Tages erlebte sie eine große Überraschung: Ein Piratenschiff mit einer riesigen Flagge hielt vor ihrer Insel! Der Kapitän suchte neue Crewmitglieder

für sein abenteuerlustiges Team – genau das war Gretas Chance!
Mit Tränen in den Augen verabschiedete sie sich von ihren Freunden und heuerte als Piratin auf dem Schiff an. Fortan segelte sie um die Welt, erlebte wilde Seeschlachten gegen andere Piratenbanden und erkundete exotische Inseln.
Und egal wie abenteuerlich es auch wurde – Greta dachte oft liebevoll an ihre kleinen Freunde zurück: den tapferen Kater und seine gerettete Gefährtin. Denn ohne diese wären all diese Abenteuer wahrscheinlich niemals passiert!"

Giri schaute zu der großen Uhr, die an der Wand hing.
„Niclas, Du musst jetzt aber schlafen gehen, ich bin auch sehr müde. Wir treffen uns bestimmt wieder beim großen Kindergartenfest."

Girri

Tigi

Hippoli

Schimpi

Am Tag darauf traf Niclas ein Tierbaby, das ihm
folgende Geschichte erzählte:
„Ich heiße Schimpi und bin ein Schimpanse.
Wir Schimpansen sind eine Gattung in der Familie
der Menschenaffen, ebenso wie Gorillas und Orang-
Utans.
Wir haben einen typischen Körperbau. Auf den
Hinterbeinen aufgerichtet sind wir 100 bis 170
Zentimeter groß. Männchen wiegen zwischen 35 und
70 Kilogramm, Weibchen bringen dagegen nur 25
bis 50 Kilogramm auf die Waage.
An Händen und Füßen besitzen wir je fünf Finger
beziehungsweise Zehen. Daumen bzw. großer Zeh
können wir den anderen Fingern bzw. Zehen
gegenüberstellen, so dass Hände und Füße sich
perfekt zum Greifen eignen und uns zu wahren
Kletterprofis machen. Unser Fell ist dunkelbraun bis
schwarz.
Wir haben ein kräftiges Gebiss - vor allem die
Eckzähne sind beeindruckend und können
gefährliche Waffen sein.
Wir kommen nur im westlichen und zentralen Afrika
vor.
Wir leben, anders als Gorillas und Orang-Utans, in
sehr unterschiedlichen Lebensräumen: Wir besiedeln
den Regenwald, aber auch die Savanne, in der nur
wenige Bäume wachsen.
In freier Wildbahn werden wir 30 bis 40 Jahre alt.
Wir gelten als die intelligentesten Tiere. Neben
einem ausgeprägten Sozialverhalten sind wir
berühmt für den Gebrauch von Werkzeugen: Wir
benutzen Steine und Holzstücke als Hammer,

basteln uns aus Ästen Stöcke, mit denen wir nach
Nahrung stochern oder benutzen zerkaute Blätter als
Schwamm.
Wir können zwar nicht sprechen, weil unser Kehlkopf
dazu nicht geeignet ist, doch in Gefangenschaft
konnte man uns eine Zeichensprache beibringen, mit
der sich manche von uns sehr gut mit ihren Pflegern
verständigen konnten.
Wir sind am Tag aktiv. Wir halten uns am Boden und
auch in den Bäumen auf, wo wir uns geschickt von
Ast zu Ast hangeln. Nachts schlafen wir auf Bäumen
in Nestern aus Blättern und Zweigen. Wir sind sehr
gesellig und leben in Clans von bis zu 60 Tieren, die
sich in kleine Untergruppen aufteilen.
Oft kann man uns bei der gegenseitigen Fellpflege
beobachten. Dieses Verhalten ist sehr wichtig: So
zeigen wir, dass wir zusammengehören und uns
mögen. Außerdem spiegelt sich bei der Fellpflege
auch die Rangordnung wider: rangniedere Tiere
pflegen meist ranghöheren das Fell.
Neben Raubtieren ist der Mensch unser größter
Feind.
Wir sind Allesfresser. Wir ernähren uns zwar
hauptsächlich von Blättern, Blüten, Früchten, Nüssen
und Samen, nehmen aber auch Insekten, Raupen
und viele andere kleine Tiere zu uns.“

Käpt'n Einauge erzählt:

„Es war einmal ein kleines Schimpansen-Mädchen
namens Josepha, das in einem wunderschönen
Dschungel lebte. Sie träumte davon, Prinzessin zu
werden und in einem großen Schloss zu leben.

Jeden Tag las Josepha Bücher über Prinzessinnen und fantasierte darüber, wie sie im königlichen Kleid durch den Palast stolzieren würde. Doch leider wurde sie immer wieder daran erinnert, dass Affen nicht als Prinzessinnen geboren wurden.
Josepha war traurig, aber sie wollte nicht aufgeben. Eines Tages beschloss sie, etwas ganz Besonderes zu tun: Sie wollte eine eigene Bäckerei eröffnen! In ihrer kleinen Tierfreunde-Gemeinschaft waren Bananen sehr beliebt und so beschloss sie, herzhafte Bananenkuchen zu backen.
Zusammen mit ihrem besten Freund Max, dem Gorilla, begann sie mit viel Hingabe, Kuchenrezepte auszuprobieren. Sie backten großartige Bananenkuchen, einfach perfekt für alle Geschmäcker der Tiere im Dschungel!
Die Tage vergingen und Josephas kleine Bäckerei bekam immer mehr Aufmerksamkeit von den anderen Tieren des Dschungels. Alle liebten ihre köstlichen Kuchen. Bald hatte die kleine Bäckerei so viele Kunden wie nie zuvor gesehen – von Elefanten bis hin zu winzigen Insekten!
Eines schönen nachmittags tauchte eine besondere Kundin auf – die Königin des Waldes persönlich! Die Königin war beeindruckt von Josephas Leidenschaft fürs Backen und probierte begeistert den Bananenkuchen. Sie war so begeistert, dass sie Josepha fragte, ob sie ein königliches Festessen für sie zubereiten könnte.
Josepha konnte ihr Glück kaum fassen! Das Schimpansen-Mädchen hatte zwar nie Prinzessin werden können, aber durch ihre Kuchenkreationen hatte sie die Herzen des Dschungels erobert. Jetzt

würde die Königin selbst von ihren Köstlichkeiten probieren!

Am Tag des großen Festes backte Josepha mit Max und all ihren tierischen Freunden unermüdlich ihre besten Bananenkuchen. Der Duft der frisch gebackenen Leckereien erfüllte den ganzen Palast und alle Gäste konnten es kaum erwarten, zu kosten. Als schließlich das königliche Mahl serviert wurde, waren sowohl die Königin als auch alle anderen Gäste hellauf begeistert! Josephas Träume wurden wahr - wenn auch anders als erhofft - denn nun war es nicht mehr wichtig, eine Prinzessin im Schloss zu sein, sondern vielmehr eine Meisterbäckerin in ihrer eigenen Bäckerei!

Von diesem Tag an florierte Josephas kleine Bäckerei im Dschungel und viele Tiere kamen vorbei, um einen köstlichen Bananenkuchen zu genießen. Es zeigte sich einmal mehr, dass man manchmal seine Träume neu überdenken muss und oft etwas viel Besseres findet."

Schimpi schaute zu der großen Uhr, die an der Wand hing.

„Niclas, Du musst jetzt aber schlafen gehen, ich bin auch sehr müde. Wir treffen uns bestimmt wieder beim großen Kindergartenfest."

Kroki

Am Tag darauf traf Niclas ein Tierbaby, das ihm
folgende Geschichte erzählte:
„Ich heiße Kroki und bin ein Krokodil.
Wir Krokodile wirken oft unheimlich und gefährlich.
Wir sind faszinierende Reptilien und sehr geschickte
Jäger. Doch die meisten von uns sind für den
Menschen harmlos.
Wir sind Echsen und eine der ältesten Tiergruppen.
Wir existieren seit rund 230 Millionen Jahren.
Verändert haben wir uns bis heute nur wenig.
Wir besitzen einen flachen, langen Körper und vier
Beine. Der lange Schwanz ist seitlich abgeflacht und
treibt uns beim Schwimmen an, außerdem dient er
als Ruder.
Die Augen sitzen sehr weit oben am Kopf, die
Nasenöffnungen liegen weit vorn auf der Schnauze.
In unserem Maul befinden sich 60 bis 70 scharfe,
kegelförmige Zähne, die immer wieder ausfallen und
ein Leben lang durch neue ersetzt werden.
Unsere Haut ist zu einem Schuppenpanzer
umgebildet, der aus Hornplatten und darunter
liegenden verknöcherten Platten besteht. Deshalb
nennt man uns auch Panzerechsen. Die Vorderbeine
haben fünf Zehen, aber nur drei besitzen Krallen.
Die Hinterbeine haben vier Zehen, zwischen denen
Schwimmhäute ausgebildet sind.
Weil wir wechselwarme Tiere sind und unsere
Körpertemperatur von der Umgebung abhängt,
kommen fast alle Arten rund um den Erdball in den
tropischen Regionen vor. Wir sind an eine
amphibische Lebensweise angepasst. Das heißt, wir

können sowohl im Wasser als auch auf dem Land leben.
Die meiste Zeit verbringen wir im Wasser, zum Ausruhen und Sonnenbaden kommen wir an Land.
Wir sind überwiegend Süßwasser-Bewohner, leben also in Seen und Flüssen. Ab und zu findet man uns auch in Flussmündungen.
Wir können 80 bis 100 Jahre alt werden.
Normalerweise meiden wir Menschen und ziehen uns vor ihnen zurück. Nur wenn wir uns bedroht fühlen, greifen wir an.
Forscher haben festgestellt, dass wir ziemlich intelligent sind: Wir haben ein kleines, aber hoch entwickeltes Gehirn.
Erwachsene haben in der Natur keine Feinde. Junge Krokodile fallen jedoch oft größeren Vögeln oder sogar anderen Krokodilen zum Opfer.
Unsere Mamas legen wie alle Echsen Eier, und zwar zwischen 20 und 40, manchmal auch 80 Eier in Nester aus verrottendem Pflanzenmaterial. Beim Prozess der Verrottung entsteht - wie in einem Komposthaufen - Wärme, die zum Ausbrüten der Eier notwendig ist.
Ob nach 60 bis 100 Tagen aus einem Ei ein Mädchen oder ein Junge schlüpft, hängt von der Temperatur im Nest ab:
Liegt die Temperatur unter 30 Grad Celsius, entwickeln sich in den Eiern Mädchen. Liegt sie bei etwa 34 Grad Celsius, entstehen Jungen.
Wir haben einen ziemlich abwechslungsreichen Speiseplan."

Käpt'n Einauge erzählt:

„Es war einmal ein kleiner Krokodiljunge namens
Gustav. Gustav lebte in einem kleinen See mitten im
Dschungel und hatte einen großen Traum – er wollte
Kommissar werden! Tag für Tag übte er das Lösen
von mysteriösen Rätseln und das Aufklären von
spannenden Fällen.
Eines Tages schlenderte Gustav durch den
Dschungel, als plötzlich ein schwarzer Schatten vor
ihm auftauchte. Es war Cat Woman! Sie war eine
wunderschöne schwarze Katze mit grünen Augen
und einer unwiderstehlichen Ausstrahlung.
Gustavs Herz machte einen Sprung vor Freude, als
er Cat Woman sah. Er wusste sofort, dass sie etwas
Besonderes war - genau wie die geheimnisvollen
Fälle, die er lösen wollte.
Mutig trat Gustav auf Cat Woman zu: „Hallo", sagte
er schüchtern aber bestimmt, „ich bin Gustav und ich
möchte gerne Kommissar werden."
„Kommissar?", miaute Cat Woman verwundert.
„Warum möchtest du denn das tun?"
„Ich liebe es, herauszufinden wer der Täter ist",
antwortete Gustav stolz. „Ich möchte dem Unrecht in
meiner Welt entgegentreten!"
Cat Woman schnurrte anerkennend: „Das klingt nach
viel Abenteuersinn! Aber mein lieber Freund," fuhr
sie fort, während sich ihre grün glänzenden Augen
auf ihn richteten, „warum willst du ausgerechnet
Kommissar werden? Hast du schon mal daran
gedacht, Superspürnasenkater zu sein?"
Gustav schaute Cat Woman verblüfft an, hatte er
vorher doch noch nie von dieser Kater-Art gehört.
„Superspürnasenkater?", fragte er neugierig.

„Ja", miaute Cat Woman geheimnisvoll. „Ein
Superspürnasenkater kann nicht nur die kniffligsten
Fälle lösen, sondern hat auch eine unvergleichliche
Spürnase für Leckereien!"
Gustavs Augen leuchteten auf vor Freude. Er wusste
sofort: Das war genau das Richtige für ihn! Er könnte
ein Superspürnasenkrokodil werden!
Also begann Gustav, eifrig zu trainieren. Zusammen
mit Cat Woman übte er das Ermitteln und
Entschlüsseln geheimer Nachrichten im Dschungel.
Sie knackten gemeinsam Codes, lösten Rätsel und
halfen Tieren in Not.
Mit ihrer Hilfe wurde Gustav bald eine echte
Superspürnase, und während sie gemeinsam auf
Verbrecherjagd gingen, lernten sich Gustav und Cat
Woman immer besser kennen.
Sie lachten viel zusammen über ihre Missgeschicke
bei den Fallbeobachtungen oder wenn sie
Zaubermarzipankekse aßen – denn diese waren ihre
Lieblingsleckerei geworden!
Die beiden verstanden sich so gut wie zwei
Samtpfoten in einem Mausladen – von da an waren
sie unzertrennlich.
Und wenn sie nicht gerade auf Verbrecherjagd
waren, lebten Gustav und Cat Woman glücklich in
ihrem Dschungel-Zuhause, immer bereit für neue
Abenteuer – zusammen oder als Team mit ihren
Tierfreunden."

Kroki schaute zu der großen Uhr, die an der Wand
hing.
„Niclas, Du musst jetzt aber schlafen gehen, ich bin
auch sehr müde. Wir treffen uns bestimmt wieder
beim großen Kindergartenfest."

Stinki

An nächsten Tag im Kindergarten traf Niclas ein
Tierbaby, das ihm folgende Geschichte erzählte:
„Ich heiße Stinki, wir sind Skunks. Wir werden auch
Stinktiere genannt und leben in erster Linie in
Steppen und Halbwüsten in Nord- und Südamerika.
Selten findet man uns in der Nähe, wo Menschen
wohnen. Von uns gibt es neun verschiedene Arten.
Die bekannteste ist der Streifenskunk und Du siehst,
ich bin einer davon. Wir sind sehr friedlich, doch
wenn wir uns bedroht fühlen, können wir mit unseren
Drüsen, die wir am Hinterteil haben, eine nicht
unbedingt wohlriechende Flüssigkeit verspritzen.
Hier können wir sogar aus 3 bis 4 Meter Entfernung
punktgenau zielen.“
Stinki legte eine kleine Pause ein und lachte sich
krumm, bis er weitererzählte:
„Große Raubtiere, wie Bären oder Pumas, wissen
genau, dass wir gefährlich sind“, hier kicherte er
noch einmal, „und machen deshalb einen großen
Bogen um uns. Leider jedoch gibt es viele
Greifvögel, die sich an dem Gestank nicht stören und
uns jagen.
Unsere Lebenserwartung ist ungefähr zehn Jahre.
Wir sind sehr gesellig und leben in kleineren
Gruppen und sind in der Dämmerung und nachts
sehr aktiv bei der Nahrungssuche.
Wir sind nicht schleckig. Wir essen Würmer und
Insekten und viele von uns auch Pflanzen, und ein
Onkel erzählte mir, dass er sogar einen Fisch
gegessen hat, und wenn es die Situation ergibt,
fangen Verwandte von mir auch kleine Schlangen.

Die Menschen jagen uns leider auch, weil unser Fell
sehr wertvoll ist.
Unsere Mamas tragen im Schnitt vier bis sechs
Babys. Wenn wir geboren werden, sind wir blind und
unser Fell wächst erst nach drei Wochen. Wenn wir
einen Monat alt sind, öffnen wir die Augen und
beginnen zu laufen. Wir bleiben im ersten Jahr
immer nahe bei der Mama und können bis zu einem
halben Meter lang werden."

Käpt'n Einauge erzählt:

„Es war einmal ein kleines Skunk-Baby namens
Lisbeth. Lisbeth lebte mit ihrer Familie im Wald und
hatte einen außergewöhnlichen Sinn für Gerüche.
Sie liebte es, verschiedene Düfte zu erkunden und
erkannte sofort, wenn etwas gut roch.
Eines Tages beschloss Lisbeth, ihren Traum zu
verwirklichen und eine eigene Parfümerie zu
eröffnen. Ihre Freunde im Wald waren von dieser
Idee begeistert und unterstützten sie nach Kräften.
Ohne weiteres Zögern machte sich Lisbeth auf den
Weg in die große Stadt Paris. Dort angekommen,
fand sie den idealen Ort für ihre Parfümerie - inmitten
einer belebten Straße voller Geschäfte.
Lisbeth begann damit, verschiedene Duftstoffe aus
Blumen, Früchten und Gewürzen herzustellen. Jeden
Morgen bereitete sie neue Mixturen vor und
entwickelte einzigartige Parfums mit
hypnotisierenden Aromen.
Bald verbreiteten sich die Nachrichten über die
außergewöhnlichen Düfte der kleinen
Parfümladeninhaberin durch ganz Paris. Die

Menschen standen Schlange vor dem Laden von
Lisbeths Parfümerie, nur um einen Hauch ihres
exquisiten Duftes zu erhaschen.
Eines Tages wurde sogar der Kaiser von China auf
das kleine Geschäft aufmerksam. Er wurde neugierig
und wollte diese Parfüms auch einmal riechen! Er
reiste extra nach Paris, nur um bei Lisbeths
Parfümerie einzukaufen.
Als der Kaiser den Laden betrat, waren seine Augen
voller Staunen beim Anblick all der wunderschönen
Kreationen. Lisbeth erklärte ihm jeden Duft und jedes
Parfum persönlich, mit ihrer kleinen, aber hübschen
Stimme.
Der Kaiser von China war so beeindruckt von der
Leidenschaft und dem Talent des kleinen Skunk-
Babys, dass er eine Menge verschiedener Parfüms
kaufte. Er lud Lisbeth ein, in seinen Palast in China
zu kommen und weitere Parfüms für ihn herzustellen.
Lisbeths Herz hüpfte vor Freude! Sie konnte kaum
glauben, dass ihre Träume wahr geworden waren.
Gemeinsam mit ihrer Familie machte sie sich auf die
Reise nach China.
Am kaiserlichen Hof setzte Lisbeth ihr Geschäft fort -
diesmal in einem atemberaubenden Raum voller
seltener Blumen aus aller Welt. Die Menschen
bewunderten ihre Düfte genauso sehr wie sie den
wunderschönen Garten hinter dem Palast genossen.
Die Nachricht über dieses magische kleine Paradies
verbreitete sich schnell in ganz China und alle
wollten einen Hauch der besonderen Aromen
erleben!
Und so endet unsere Geschichte: Ein kleines Skunk-
Baby namens Lisbeth verzauberte die Herzen vieler
Menschen mit ihren einzigartigen Duftkreationen.

Von da an lebten sowohl das kleine Skunk-Baby als auch seine Familie ein Leben voller Abenteuer zwischen Paris und dem fernen Osten – immer auf der Suche nach neuen Geruchsnuancen."

Stinki schaute zu der großen Uhr, die an der Wand hing.
„Niclas, Du musst jetzt aber schlafen gehen, ich bin auch sehr müde. Wir treffen uns bestimmt wieder beim großen Kindergartenfest."

Elise

Am nächsten Tag traf Niclas ein Tierbaby, das ihm folgende Geschichte erzählte:
„Ich heiße Elise und bin ein Ameisenbär.
Wir können über einen Meter lang werden und bringen ein Gewicht von bis zu 50 kg auf die Waage.
Unser Lebensraum ist Mittel- und Südamerika in den Savannen und schmalen Wäldern entlang von Flüssen.
Wenn wir erwachsen sind, sind wir Einzelgänger mit Revieren ohne feste Grenzen und sind tagaktiv. In der Nacht bevorzugen wir zum Versteck ein Gebüsch oder hohle Baumstämme. Wir können leider nicht gut sehen, aber besonders gut hören und riechen.
Mit unserer Nase spüren wir Termitennester auf und brechen sie mit unseren mächtigen Krallen auf. Dann holen wir mit unserer langen Zunge das schmackhafte Essen heraus.

Wenn ich älter werde, werde ich größer sein als
meine Brüder." Elise holte kurz Luft, streckte ihr
Hinterbein hoch und rief: ‚Frauenpower!'
„Wir sind recht kräftig, aber vor großen Pumas oder
Jaguars laufen wir gerne weg.
Tante Klara hat sich mal gegen einen Puma gewehrt.
Sie richtete die Hinterbeine auf und setzte sich mit
ihren messerscharfen Krallen zur Wehr. Die böse
Miezekatze suchte die Flucht.
Unser größter Feind ist leider der Mensch, der uns
wegen unseres Fells und Fleisches jagt. Unsere
Mamas tragen uns ca. 190 Tage lang in ihrem
Bauch, bis wir zur Welt kommen. Wir sind richtige
Miniausgabe unserer Eltern, nur hübscher". Elise
lächelte.
„Bis zu unserem sechsten Lebensmonat leben wir
die meiste Zeit auf dem Rücken unserer Mutter. Mit
ca. zwei Jahren werden wir selbstständig.
Wir benötigen ungefähr 30000 Termiten oder
Ameisen pro Tag."

Käpt'n Einauge erzählt:

„Es war einmal ein kleines Ameisenbär-Mädchen
namens Hanna, das in einem wunderschönen Wald
nahe der Stadt Stuttgart lebte. Hanna war anders als
die anderen Ameisenbären in ihrem Wald, denn sie
konnte sehr schlecht sehen.
Das beeinträchtigte Hannas Leben jedoch nicht
wirklich. Sie lernte von klein auf, sich auf ihre
anderen Sinne zu verlassen und wurde dadurch
ganz besonders klug und einfallsreich.

Hanna kannte sich nämlich so gut wie kein anderer Ameisenbär in den Straßen von Stuttgart aus. Jeden Tag machte sie sich auf den Weg in die Stadt.
In Stuttgart gab es für einen kleinen sehbehinderten Ameisenbär viel zu entdecken! Die verschiedenen Gerüche der Cafés und Restaurants lockten Hanna magisch an – vor allem Kekse hatten es ihr besonders angetan!
Die Menschen bemerkten oft gar nicht, dass Hannah etwas Besonderes war. Wenn sie abends nach Hause kamen und ihren Kindern Geschichten über Tiere erzählten, fragten diese oft: "Habt ihr heute auch einen seltsamen kleinen Bären gesehen?"
Trotz ihrer Sehbehinderung ließ Hannah nichts unversucht! Von Zeit zu Zeit besuchte sie sogar das weltbekannte Planetarium im Herzen Stuttgarts – denn dort wurden Sterne zum Greifen nah präsentiert!
Eines Tages beschloss Hanna dann etwas Außergewöhnliches: Sie wollte ein Buch über all die Orte, die sie in Stuttgart besucht hatte, schreiben und Bilder dazu malen. Schließlich wusste sie genau, wie man zu jedem Café und zu jeder Konditorei fand.
Sie fing an, jedes Detail aufzuschreiben: Die Tür zum Rathausplatz oder den majestätischen Ausblick von einem der höchsten Gebäude Stuttgarts. Auch das Stadion des VfB war toll beschrieben. Hanna wollte allen zeigen, dass nichts unmöglich ist – auch nicht für ein kleines Ameisenbärmädchen mit Sehbehinderung.
Das Buch wurde ein voller Erfolg! Die Bewohnerinnen und Bewohner Stuttgarts bewunderten Hannahs Tapferkeit und ihre Fähigkeit, trotz ihrer Schwierigkeiten so viel über die Stadt

wissen zu können. Für viele war das Buch von
unschätzbarem Wert – auch für die kleinen Kinder
aus den umliegenden Dörfern.
Hanna hörte nie auf zu träumen oder neue
Abenteuer anzustreben. Sie genoss es einfach viel
mehr als alle anderen Tiere im Wald – vielleicht auch
etwas mehr als andere Menschenkinder!
Denn Hanna lehrte uns eine wichtige Lektion: Egal
welche Hindernisse dir im Weg stehen mögen, du
kannst alles erreichen - solange dein Herz davon
überzeugt ist! Und so bleibt Hannah für immer als
Beispiel eines mutigen kleinen
Ameisenbärmädchens in unseren Herzen."

Elise schaute zu der großen Uhr, die an der Wand
hing.
„Niclas, Du musst jetzt aber schlafen gehen, ich bin
auch sehr müde. Wir treffen uns bestimmt wieder
beim großen Kindergartenfest."

Waschi

Am Tag darauf traf Niclas ein Tierbaby, das ihm
folgende Geschichte erzählte:
„Ich heiße Waschi und bin ein Waschbär.
Wir Waschbären sehen so aus, als hätten wir eine
Maske auf. Wir wiegen ca. 10 Kilo und sind zwischen
70 und 85 Zentimeter groß. Früher lebten
Waschbären in den Wälder Nordamerikas.
Heute gibt es in ganz Europa Waschbären. Allein in
Deutschland sollen mittlerweile etwa 100.000 bis
250.000 leben. Waschbären wohnen am liebsten im
Wald.
Für das Nachtquartier suchen wir Schutz auf
Dachböden, unter Holzstapeln.
Wir spielen nachts und schlafen am Tag. Nachts
durchstreifen wir auch die Wälder, Parkanlagen,
Gärten und Abfallhaufen, die in der Nähe unserer
Schlafplätze sind.
Wenn es im Winter richtig kalt wird, dann faulenzen
wir, machen aber keinen echten Winterschlaf. In
freier Wildbahn haben wir so gut wie keine Feinde,
nur dieser dumme Autoverkehr macht uns in Europa
viel zu schaffen. Unsere Mamas tragen uns neun
Wochen und bringen drei bis fünf Junge zur Welt.
Wir sind etwa zehn Zentimeter groß, wiegen gerade
einmal 70 Gramm und haben noch keine Zähne.
Nach ungefähr zehn Wochen lernen wir, wie man
Krebse jagt und welche Früchte lecker schmecken.
Wir können auch Vögel, Echsen, Salamander und
Mäuse jagen.
Wir sind ziemlich laut und können sehr viele
verschiedene Laute von uns geben. Sehr viel Spaß
macht es auch, Pressfutter aus den Futterstellen der

Rehe zu stehlen, zudem wühlen wir gern in den
Mülleimern der Menschen. Im Winter, wenn die
Nahrung knapp wird, fasten wir einfach mehrere
Wochen lang."

Käpt'n Einauge erzählt:

„Es waren einmal zwei beste Freunde, der Waschbär
Josef und die Taube Taubi. Sie lebten glücklich
zusammen im schönen Berlin und hatten immer viel
Spaß miteinander.
Eines Tages machte Taubi jedoch eine dumme
Sache: Sie flog über den Reichstag hinweg, als
gerade wichtige Politiker ihre Hemden auf dem
Balkon zum Trocknen hängen hatten. Versehentlich
stolperte sie dabei und ihre Flügel berührten ein paar
nasse Kleidungsstücke. Schmutzige Federn
hinterließen nun unschöne Spuren auf den weißen
Hemden der Politiker.
Taubi schämte sich sehr für ihr Missgeschick, denn
sie wollte niemandem Kummer bereiten. Zerknirscht
ging sie zu ihrem besten Freund Josef und erzählte
ihm von dem Vorfall.
Josef war ein kluger Waschbär mit vielen Ideen im
Kopf. Er tröstete Taubi erst einmal, denn schließlich
passieren jedem mal Fehler – auch den politischen
Entscheidungsträgern! Dann kam ihm plötzlich eine
grandiose Idee in den Sinn: „Taubi", rief er begeistert
aus, „wir werden einfach eine eigene Wäscherei
eröffnen!"

Die beiden Freunde tüftelten gemeinsam an ihrer
Geschäftsidee herum und nach kurzer Zeit war klar:
Es sollte die erste Wäscherei mitten in Berlin geben
– ganz speziell für Politikerhemden!
Mit viel Eifer machten sich Josef und Taubi daran,
ihren Plan umzusetzen. Sie suchten nach einem
geeigneten Ladenlokal in einer zentralen Straße
Berlins und wurden schnell fündig. Josef hatte gute
Kontakte zu Handwerkern, die ihnen halfen, alles
einzurichten.
Die Wäscherei "Josefs Sauberkleid" öffnete ihre
Türen und war schon bald stadtbekannt. Die Politiker
waren froh über den neuen Service und brachten
ihre schmutzigen Hemden regelmäßig vorbei. Taubi
kümmerte sich um das Ordnen der Wäsche und
Josef kämpfte gegen jeden Fleck an - mit viel Elan!
Doch es war nicht nur der besondere Service, der
"Josefs Sauberkleid" so besonders machte: Taubi
sorgte dafür, dass jeder Kunde eine persönliche
Dankeskarte bekam – geschrieben von ihr selbst!
Darin stand immer ein lustiger Spruch oder ein netter
Gruß.
So verbreiteten Josefs Leidenschaft für saubere
Hemden und Taubis herzerwärmende Botschaften
schnell gute Laune unter den Politikern Berlins.
Sie stellten sogar Sauberkeitszertifikate aus, als
Zeichen ihrer Zufriedenheit!
Das kleine Geschäft wuchs rasch durch
Mundpropaganda weiter an; selbst wichtige
Persönlichkeiten aus anderen Städten wollten nun in
Berlin sauber gekleidet sein. Und so wurden viele
Kunden zu Freunden des kleinen Waschbären Josef
und seiner Freundin Taubi.

Obwohl sie mittlerweile viel Arbeit hatten, vergaßen
die beiden nie ihren Spaß am Leben miteinander:
Sie spielten Verstecken inmitten von frisch
gebügelten Anzügen oder sangen gemeinsam Lieder
zwischen den Waschmaschinen.
Und so wurde die Wäscherei "Josefs Sauberkleid" zu
einem Ort der Freundschaft und des Lachens –
mitten in Berlin."

Waschi schaute zu der großen Uhr, die an der Wand
hing.
„Niclas, Du musst jetzt aber schlafen gehen, ich bin
auch sehr müde. Wir treffen uns bestimmt wieder
beim großen Kindergartenfest."

Meisi

Am Tag darauf traf Niclas ein Tierbaby, das ihm
folgende Geschichte erzählte:
„Ich heiße Meisi und bin eine Ameise.
Wir gehören zu den faszinierendsten Lebewesen auf
der Erde. Wir leben in großen Ameisen-Staaten und
jeder Einzelne von uns hat eine ganz bestimmte
Aufgabe zu erfüllen.
Wir sind winzig klein und haben sechs Beine und
einen Körper, der in drei Abschnitte gegliedert ist.
Unser Panzer ist aus einem sehr harten Stoff.
Uns gibt es fast auf der ganzen Welt, von den
Tropen bis zum Polarkreis und von der Küste bis zur
Wüste.
Halt Dich fest Niclas, ich sag Dir jetzt was. Von uns
gibt es etwa 10.000 verschiedene Arten.
Unsere Lebenserwartung ist unterschiedlich lang.
Manche leben nur ein paar Monate, andere können
ein bis drei Jahre alt werden. Ameisenköniginnen
können sogar 20 Jahre erreichen.
Manche Völker haben bis zu eine halbe Million
Bewohner.
Beim Bau des Nestes und beim Transport der
Nahrung zeigt es sich, wie kräftig wir sind: Wir
können bis zum 30fachen unseres Körpergewichts
tragen, das ist, wie wenn Du 1 Tonne tragen
müsstest.
In jedem Staat leben eine oder mehrere Königinnen.
Ihre einzige Aufgabe besteht darin, Eier zu legen und
so für Nachwuchs zu sorgen. Vielleicht werde ich
später auch mal eine Königin.
Am wichtigsten aber ist die Orientierung mit
Duftmarken. Das muss ich noch lernen." Meisi fuhr

fort: „Wir haben viele Feinde: Vögel aber auch
Säugetiere wie den Dachs.
Unsere Königin gräbt sich im Boden ein und legt
Eier. Nach zwei bis sechs Wochen schlüpfen weiße
Larven. Ich war auch einmal eine Larve. Die Larven
verpuppen sich nach einiger Zeit und schließlich
schlüpfen wir daraus.
Unsere Speisekarte ist sehr vielseitig: Pflanzensäfte,
Früchte, Samen, aber auch Tiere wie etwa die
Larven von Blattwespen schmecken lecker."

Käpt'n Einauge erzählt:

„Es war einmal eine klitzekleine Ameise namens
Bonnie. Sie lebte in einem riesigen Ameisenhaufen
am Waldrand und hatte große Träume. Bonnie
wünschte sich nichts sehnlicher, als eines Tages wie
ihr großes Idol James Bond in einem Film zu spielen.
Jeden Abend schlüpfte sie heimlich aus ihrem
kleinen Schlupfloch, kletterte den hohen Grashalm
hoch und schaute begeistert in die Welt der
Menschen. Sie sah Filme mit spannenden
Verfolgungsjagden, faszinierenden Spionagetricks
und natürlich den coolsten Agenten aller Zeiten –
James Bond!
Bonnie übte jeden Tag fleißig: Schleichen,
Verkleiden und sogar Klettern an Wänden – für eine
kleine Ameise gar nicht so leicht! Doch sie ließ sich
nicht entmutigen.
Eines Tages wurde im Wald ein kleiner alter Baum
gefällt. Er lag direkt am Wegrand und bot perfekt

Platz für Bonnies großen Traum: Eine Martinibar! Sie konnte es kaum erwarten, dort ihren Freunden die köstlichsten Getränke zu servieren.
Mit viel Fleiß baute Bonnie aus dem Holz des Baumes ihre eigene kleine Bar zusammen. Ihr Freund Fred, der Marienkäfer, half ihr dabei tatkräftig mit seinen Käferflügeln beim Aufweiten des Stammes - er war nämlich ziemlich stark!
Als die Bar endlich fertig war, lud Bonnie alle Bewohner des Waldes zur Eröffnungsparty ein. Es kamen Fliegenpärchen aus Nachbarschaftsbäumen sowie Bienen, Hummeln und sogar die schillerndsten Schmetterlinge. Bonnie mixte ihnen bunte Fruchtsäfte und lustige Cocktail-Kreationen – ganz ohne Alkohol natürlich.
Es wurde eine grandiose Party! Alle Tiere tanzten fröhlich zu Bonnies Lieblingsmusik, welche aus einem kleinen Lautsprecher kam. Die geniale Stimmung erinnerte Bonnie an Spionagefilme mit James Bond.
An diesem Abend lernte Bonnie eins: Sie musste nicht unbedingt wie James Bond im Film mitspielen, um Abenteuer zu erleben und ihre Freunde zum Staunen zu bringen. Ihre Martinibar war der Ort für alle Arten von Geschichten – ob groß oder klein!
Die Bar wurde ein beliebter Treffpunkt für die Waldbewohner. Sie kamen zusammen, tauschten spannende Geschichten aus und lachten gemeinsam über all die kleinen Sorgen des Waldalltags.
So fand auch Bonnie ihren Platz in dieser wundervollen Gemeinschaft - als Gastgeberin ihrer eigenen Bar konnte sie nun selbst dafür sorgen, dass jeder einen schönen Moment erlebte.

Und wer weiß? Vielleicht trinkt gerade einer der
Gäste seinen Saft, so wie es Superagent 007 immer
tat!"

Meisi schaute zu der großen Uhr, die an der Wand
hing.
„Niclas, Du musst jetzt aber schlafen gehen, ich bin
auch sehr müde. Wir treffen uns bestimmt wieder
beim großen Kindergartenfest."

Lukili

Am Tag darauf traf Niclas ein Tierbaby, das ihm
folgende Geschichte erzählte:
„Ich heiße Lukili und bin ein Hyänchenbaby.
Unsere Familie gehört zu den Raubtieren. Auf den
ersten Blick sehen wir fast wie Hunde aus. Wir sind
aber nicht mit diesen verwandt, sondern stammen
von Vorfahren ab, die den Schleichkatzen gleichen.
Ein typisches Kennzeichen sind die Vorderbeine, die
deutlich länger sind als die Hinterbeine. Weil der
Vorderkörper außerdem kräftiger ist als der
Hinterkörper, haben wir einen stark nach hinten
abfallenden Rücken.
Wir leben in Afrika südlich der Sahara und von
Nordafrika bis Kenia sowie in Vorder- und Mittelasien
und in Indien. Zum Teil bewohnen wir verlassene
Baue anderer Tiere.
Wir können bis zu 20 Jahre alt werden. In einem Zoo
wurde Großtante Else sogar 40 Jahre alt.

Wir sind überwiegend nachtaktiv und leben in Familienverbänden mit bis zu 100 Tieren in einem Revier, das wir mit Hilfe von Duftstoffen markieren und gegen andere Rudel verteidigen. Zentrum des Reviers ist eine Höhle, in der die Jungen aufgezogen werden. Wir können besonders gut sehen und hören. Noch besser ist unser Geruchsinn ausgeprägt, so dass wir Aas über mehrere Kilometer Entfernung riechen können.

Wir gelten - gemeinsam mit Geiern - als die Gesundheitspolizei, weil wir Kadaver beseitigen und so die Ausbreitung von Seuchen und Krankheiten eindämmen.

Oft wird uns aber unsere Beute von Löwen streitig gemacht, gegen die wir uns schlecht wehren können. Unser Rudel wird von einem Weibchen angeführt, Männchen stehen immer auf niedrigeren Rangstufen. Je höher der Rang eines Weibchens ist, umso höher wird auch der Rang ihrer Nachkommen im Rudel sein. Wenn eine Mama stirbt, werden die Babys adoptiert und von den Adoptivmüttern wie eigene Jungen aufgezogen.

Wildhunde und Löwen können uns gefährlich werden. Am meisten sind wir jedoch durch den Menschen bedroht. Nach etwa 110 Tagen Tragzeit bringen die Mamas etwa zwei bis drei Junge zur Welt.

Wir können sofort sehen und laufen und besitzen sogar schon Zähne. Wir sind also nicht so hilflos wie etwa junge Katzen oder Hunde. Wir sind auch erfolgreiche Jäger und können bei der Hetzjagd Geschwindigkeiten von bis zu 60 Kilometern pro Stunde erreichen. Wir kommunizieren durch verschiedene Rufe, Körperhaltungen und Signale.

Wir sind Allesfresser. Neben Fleisch und Aas fressen wir auch Früchte, andere Pflanzenteile sowie Eier."

Käpt'n Einauge erzählt:

„Es war einmal ein Hyänchenbaby namens Carter, das in einer kleinen Savannengegend lebte. Es war immer schon sehr neugierig und wissbegierig gewesen und wollte unbedingt etwas Besonderes im Leben erreichen.
Eines Tages sah Carter eine Ankündigung im Fernsehen: Es wurde ein Mathe-Quiz organisiert, bei dem der Gewinner die Möglichkeit hatte, Professor an einer renommierten Universität zu werden. Das ließ sein Herz höher schlagen - denn Mathematik hatte ihn schon immer fasziniert!
Die Vorbereitung auf das Mathe-Quiz begann sofort. Tag für Tag verbrachte Carter stundenlang damit, mathematische Knobelaufgaben zu lösen oder sich mit den verschiedenen mathematischen Theorien auseinanderzusetzen – von Geometrie über Algebra bis hin zur Wahrscheinlichkeitsrechnung.
Endlich kam der große Tag des Quiz' und Carter machte sich auf den Weg zum Fernsehstudio. Dort traf er auf andere Teilnehmer wie Löwen, Giraffen und Elefanten – alle waren hochintelligent, aber nur einer konnte am Ende gewinnen.
Das Quiz begann und die Fragen wurden gestellt - doch anstatt nervös zu sein, blieb Carter cool.
Er beantwortete Frage um Frage richtig – egal ob es darum ging, Primzahlen herauszufinden oder Zahlenmuster fortzusetzen.

Alle anderen Tiere staunten über seine Fähigkeiten -
hatten sie doch erwartet, dass ein größeres Tier wie
ein Elefant oder Löwe in diesem Wettbewerb
dominieren würde! Als das Finale kam, standen nur
noch Carter und ein schlauer Schimpanse namens
Alex im Rampenlicht.

Die letzte Frage wurde gestellt und die Zeit begann
zu ticken: „Was ist das Ergebnis der Wurzel von
144?" Die Zuschauer hielten den Atem an, als Carter
sofort die Antwort wusste: „12!"

Ein ohrenbetäubender Applaus brach aus - nicht nur
wegen seiner richtigen Antwort, sondern auch, weil
er bewiesen hatte, dass es keine Rolle spielt, welche
Größe oder Art man hat, um Großes in der Welt zu
erreichen.

Carter war überglücklich! Er hatte das Quiz
gewonnen und den Titel Professor verdient. Von nun
an unterrichtete er junge Tiere in Mathematik und
inspirierte jedes einzelne davon, seine Träume zu
verfolgen. Egal ob groß oder klein, jeder konnte
mathematische Genialität erreichen – genau wie die
Hyäne Carter.

Und so endet unsere Geschichte über einen
ungewöhnlichen Helden - eine Hyäne mit einem
großen Traum sowie einer noch größeren
Leidenschaft für Zahlen. Ein Beweis dafür, dass man
alles schaffen kann, wenn man nur genug
Willenskraft und Durchhaltevermögen besitzt!"

Lukili schaute zu der großen Uhr, die an der Wand
hing.

„Niclas, Du musst jetzt aber schlafen gehen, ich bin
auch sehr müde. Wir treffen uns bestimmt wieder
beim großen Kindergartenfest."

Gruntzi

Am Tag darauf traf Niclas ein Tierbaby, das ihm
folgende Geschichte erzählte:
„Ich heiße Gruntzi und bin ein Hausschwein.
Wir sind in vielen verschiedenen Rassen heute fast
auf der ganzen Welt zu finden. Wir werden von
Menschen gehalten und sind wichtige
Fleischlieferanten. Alle unsere Artgenossen haben
einen großen Kopf, einen kurzen Hals und kurze
Beine.
Typisch sind die kegelförmige Form des Kopfes und
die lange bewegliche Schnauze mit den
Nasenöffnungen in der Rüsselscheibe. Die Augen
sind klein und sitzen hoch am Kopf, die Ohren laufen
spitz zu und hängen oft nach vorn.
Wir können sehr gut riechen und hören, sehen aber
schlecht. Je nach Rasse können wir 50 Zentimeter
bis 2 Meter lang und bis zu 110 Zentimeter hoch
werden.
Meine Eltern wiegen im Durchschnitt etwa 130
Kilogramm. Onkel Oscar, ein Wildschwein, bringt
sogar über 300 Kilogramm auf die Waage.
In manchen Gegenden folgen unsere Verwandten
auch den Menschen. In Berlin zum Beispiel sind
bereits Stadtwälder von ihnen erobert.
Wir sind sehr anpassungsfähig und kommen in
vielen Klimazonen und Lebensräumen zurecht.
Wir gehören zu den ältesten Haustieren.
Unsere Mamas werden Sau genannt, die Papas
Eber. Babys bis fünf Kilogramm Gewicht heißen
Ferkel. Wenn wir zwischen fünf und fünfundzwanzig
Kilogramm wiegen, nennt man uns Läufer. Wir sind
extrem gesellig und leben immer im Rudel.

Unsere modernen Artgenossen sind oft sehr anfällig
für Stress und bekommen - ähnlich wie Menschen -
Herz- und Kreislaufkrankheiten.
Wir Hausschweine haben nur einen Feind - den
Menschen. Wildschweine jedoch können Raubtieren
wie Wölfen und Bären zum Opfer fallen, allerdings
sind erwachsene Tiere sehr stark und können sehr
angriffslustig sein, wenn sie sich bedroht fühlen oder
ihre Jungen verteidigen.
Unsere Mamas bringen zweimal im Jahr Junge zur
Welt: nach 112 bis 114 Tagen Tragzeit werden
jeweils zehn bis zwölf Ferkel geworfen.
Wir sind Allesfresser und haben immer einen großen
Appetit."

Käpt'n Einauge erzählt:

„Es war einmal ein kleines Schwein namens Andi,
das auf einem Bauernhof lebte. Jeden Tag träumte
es davon, ein berühmter Restaurantkritiker zu
werden und die besten Restaurants der Welt zu
bewerten. Doch immer, wenn Andi das den anderen
Tieren erzählte, lachten sie und meinten: „Du bist
doch nur ein Schwein! Was weißt du schon über
feine Gastronomie?"
Das machte Andi sehr traurig. Aber anstatt
aufzugeben, beschloss er, für seinen Traum zu
kämpfen. Er wollte beweisen, dass auch Tiere ihrer
Leidenschaft folgen können.

Eines Tages hörte Andi von einer wunderschönen
Insel im Mittelmeer namens Kreta. Dort gäbe es
köstliche Süßspeisen und unglaubliche Konditoreien.
Voller Vorfreude reiste Andi nach Kreta und eröffnete
seine eigene kleine Konditoreikette mit dem Namen
"Andis Süße Träume". Bald waren seine süßen
Leckereien bei den Einheimischen beliebt wie nie
zuvor - keiner konnte widerstehen!
Andi wurde als größter Experte für kretische
Desserts anerkannt - seine Kenntnisse über Baklava,
Loukoumades und Galaktoboureko waren
unschlagbar!
Eines Tages kam eine ganz besondere
Herausforderung auf ihn zu: Das beste Hotel der
Insel lud ihn ein, alle süßen Gerichte der Speisekarte
gründlich zu beurteilen.
Aufgeregt konnte sich Andi kaum zurückhalten, als
ihm eine nach der anderen schmackhaften
Köstlichkeit aufgetischt wurde. Sein Mund war so voll
mit Süßigkeiten, dass er kaum mehr sprechen
konnte!
Nachdem er die letzte Kreation probiert hatte, wusste
Andi genau, welche Leckereien ausgezeichnet und
in den Himmel gelobt werden sollten. Er schrieb
seine Bewertungen ganz ehrlich und
unvoreingenommen auf. Er erhielt sogar
Aktienanteile von Herrn Sawoidakis, der eine
Konditoreikette besaß und Miteigentümer des Hotels
war.
Dar Hotelchef war so beeindruckt von Andis
Expertise, dass er ihn bat, Chefkonditor im Hotel zu
werden. Was für eine Ehre! Die anderen Tiere des
Bauernhofs konnten nicht glauben, was für eine
Karriere das kleine Schwein gemacht hatte.

Andi verwandelte das Hotelrestaurant in eine der
besten Konditoreien der Insel - seine süßen Träume
beschränkten sich nun nicht mehr nur auf sein
kleines Geschäft "Andis Süße Träume", sondern
umfassten die ganze Welt!
Die Moral dieser Geschichte ist einfach: Egal wer du
bist oder woher du kommst – folge deinen Träumen
und gib niemals auf! Selbst ein kleines Schwein kann
Restaurantkritiker oder sogar Chefkonditor werden.“

Gruntzi schaute zu der großen Uhr, die an der Wand
hing.
„Niclas, Du musst jetzt aber schlafen gehen, ich bin
auch sehr müde. Wir treffen uns bestimmt wieder
beim großen Kindergartenfest.“

Hippoli

Am Tag darauf traf Niclas ein Tierbaby, das ihm
folgende Geschichte erzählte:
„Ich heiße Hippoli und bin ein Flusspferd.
Allein unser Aussehen verschafft Respekt: Wir sind
mächtige Tiere, die in der Natur kaum Feinde haben.
Weil Europäer uns zum ersten Mal in Afrika am Nil
zu Gesicht bekamen, werden wir auch Nilpferde
genannt.
Die Erwachsenen messen von der Schnauze bis
zum Po 2,9 bis 5 Meter.
Wir werden zwischen 150 und 170 Zentimeter hoch
und wiegen 1000 bis 3200 Kilogramm. Unsere Haut
ist graubraun bis kupferfarben, der Rücken ist
dunkler als der Bauch. Rund um Augen und Ohren
und an den Wangen besitzen wir oft rosa Flecken.
Unsere Beine sind relativ kurz und kräftig. An den
Füßen sitzen jeweils vier Zehen, zwischen denen
Schwimmhäute sitzen.
Die unteren Eckzähne werden bis zu 50 Zentimeter
lang. Nasenlöcher, Augen und Ohren sitzen so am
Kopf, dass sie über die Oberfläche ragen, wenn wir
im Wasser liegen. Uns gibt es heute nur noch in
Afrika südlich der Sahara.
Wir brauchen Wasser und leben deshalb in
Regionen mit tieferen Seen und langsam fließenden
Flüssen.
Die Gewässer müssen Sandbänke besitzen und von
Grasland umgeben sein, das uns als Weide dient.
Wild lebende Artgenossen leben 30 bis 40 Jahre. In
Zoos können wir auch über 50 Jahre alt werden.
Wir sind am Tag und in der Nacht aktiv. Tagsüber
verschlafen wir viele Stunden oder dösen im Wasser.

An Land sind wir zur Überraschung vieler ganz schön schnell: Für ein paar hundert Meter können wir eine Geschwindigkeit von bis zu 50 Kilometern pro Stunde erreichen.
Unsere Haut ist etwa fünf Zentimeter dick. Sie wirkt wie eine Isolierschicht und dient sowohl im Wasser als auch an Land dem Temperaturausgleich.
Meist leben zehn bis 15 von uns in einer Herde zusammen.
Unsere Papas versuchen, im Wasser ein Revier zu bilden, in dem eine Gruppe mit mehreren Mamas lebt. Diese Reviere verteidigen sie ein Leben lang.
Erwachsene haben so gut wie keine natürlichen Feinde. Wir sind so groß und kräftig, dass wir sogar einen Kampf mit Krokodilen nicht scheuen.
Aber wenn wir noch klein sind, werden wir Opfer von Krokodilen oder Raubtieren wie Löwen, Leoparden oder Hyänen.
Unsere Mamas bekommen etwa alle zwei Jahre Nachwuchs. Die Geburt findet im Wasser oder auf dem Land statt. Ein Baby wiegt rund 50 Kilogramm. Es kann sofort laufen und schwimmen, in tieferem Wasser trägt die Mutter es oft auf dem Rücken. Gesäugt werden wir Kleinen im Wasser und bleiben immer in der Nähe der Mutter und folgen ihr nachts auch an Land. Nach etwa einem Jahr werden wir entwöhnt und ernähren uns nur noch von Gras. Wir bleiben aber rund sieben Jahre in der Nähe der Mutter.“

Käpt'n Einauge erzählt:

„Es war einmal in einem weit entfernten Land ein
kleines Flusspferd namens Eugen, das einen großen
Traum hatte: es wollte Fußballnationalspieler
werden. Doch das war gar nicht so einfach für ein
Flusspferd, denn sie sind bekanntlich besser im
Wasser als an Land.
Eugen trainierte hart und übte jeden Tag mit seinen
Freunden - den Affen Charlie und Leo sowie dem
Elefanten Max. Sie spielten zusammen auf einer
kleinen Lichtung am Ufer des großen Flusses.
Obwohl Eugen immer ein wenig tollpatschig wirkte,
gab er nie auf und kämpfte um seine Träume.
Eines Tages bemerkte Eugen eine kleine Ameise
namens Antonia neben sich. Sie schaute zu ihm
hoch und fragte: "Was machst du hier, Eugen?"
"Ich versuche, Fußballnationalspieler zu werden",
antwortete er stolz.
Antonia war beeindruckt von Eugens Ehrgeiz und
erzählte ihm von ihrem eigenen Wunsch - sie
träumte davon, Boxerin zu sein! „Aber ich bin doch
so winzig im Vergleich zu den anderen Ameisen",
seufzte sie traurig.
Eugen lächelte Antonia aufmunternd an. „Glaub mir",
sagte er, „Größe ist nicht wichtig! Es geht darum,
niemals aufzugeben."
Die beiden freundeten sich schnell an und
beschlossen, zusammenzuhalten - egal was
passiert. Gemeinsam waren sie unschlagbar!
Also trainierte Eugen das Fußballspielen weiterhin
fleißig mit seinen Freunden am Flussufer, während
Antonia dabei zuschaute oder ihnen manchmal
sogar mit ihrer Schnelligkeit beim Training half.

Mit der Zeit bemerkten die anderen Tiere, wie gut Eugen geworden war. Sie standen staunend in einer Reihe und beobachteten, wie er seine Fußballkünste zeigte, Bälle jonglierte und mit präzisen Schüssen ins Tor traf.

Antonia hingegen konnte dank des Boxtrainings mit Eugen neue Fähigkeiten erringen. Obwohl sie immer noch klein aussah, waren ihre Reflexe schneller als je zuvor!

Eines Tages kam ein Talentsucher für das Nationalteam vorbei. Er hatte noch nie ein Flusspferd gesehen, das so talentiert im Fußballspielen war - genauso beeindruckt war er jedoch auch von Antonias boxerischen Fähigkeiten!

Der Talentsucher lud Eugen zum Probetraining für die Nationalelf ein und Antonia wurde zu einem wichtigen Wettkampf im Ameisenland eingeladen.

Die beiden Freunde bedankten sich bei ihren Trainingspartnern Charlie, Leo und Max für ihre Unterstützung während all der Trainingszeit am Flussufer.

Eugen trat nun stolz auf dem Fußballplatz an und spielte sein bestes Spiel überhaupt. Gleichzeitig zeigte Antonia den Ameisen ihr Können im Boxring – immer wieder setzte sie gekonnt ihre Schnelligkeit gegen größere Gegner ein.

Beide hatten Erfolg! Eugen wurde Mitglied der Nationalmannschaft seines Landes und erhielt einen Profivertrag beim VfB Stuttgart.

Und Antonia? Nun ja… Sie wuchs zu einem Boxchampion heran! Trotz ihrer kleinen Größe gewann sie jeden Wettkampf, zu dem sie antrat. Sie zeigte allen Ameisen, dass man großartige Dinge

erreichen kann, wenn man nur daran glaubt und hart
dafür arbeitet.
Eugen und Antonia blieben für immer Freunde und
hatten bewiesen, dass es nicht auf Äußerlichkeiten
ankommt, egal wie unterschiedlich oder
ungewöhnlich die Träume auch sein mögen!

Und so ermutigten Eugen das Flusspferd und
Antonia die Ameise fortan alle jungen Tiere des
Landes: Verfolge deine Träume mit Leidenschaft!
Denn wer weiß - vielleicht wirst du auch einmal
Fußballnationalspieler oder Boxchampion!"

Hippoli schaute zu der großen Uhr, die an der Wand
hing.
„Niclas, Du musst jetzt aber schlafen gehen, ich bin
auch sehr müde. Wir treffen uns bestimmt wieder
beim großen Kindergartenfest."

Lami

Am Tag darauf traf Niclas ein Tierbaby, das ihm
folgende Geschichte erzählte:
„Ich heiße Lami und bin ein Lama.
Wir "Kamele der neuen Welt" sind wichtige
Lastentiere sowie Woll- und Fleischlieferanten.
Unser Körper wird eineinhalb bis zwei Meter lang
und wir wiegen 130 bis 155 Kilogramm. Die
Schulterhöhe liegt zwischen 80 Zentimetern und 1,2
Meter.
Unser Fell kann unterschiedlich gefärbt sein: Es ist
weiß, braun, schwarz oder grau.
Es ist sehr dicht, weich und wollig und besitzt nur
wenige dickere Haare, so dass wir bei Regen kaum
geschützt sind, sondern nass werden. Unser Rücken
ist gerade, die Augen sind groß und sie haben lange
Wimpern. Die Ohren sind lang und spitz.
Wie bei allen Kamelen ist die Oberlippe gespalten
und sehr beweglich.
Es ist kaum zu glauben, aber wir sind gute
Schwimmer und können sogar kleine Meeresarme
durchqueren.
Wir kommen im Grasland ebenso zurecht wie in
Halbwüsten und Buschsteppen und erreichen ein
Alter von 15 bis 20 Jahre.
Zusammen mit Papas und Mamas leben wir
Jungtiere in einer Herde, die aus etwa 30 Tieren
besteht.
Wir sind perfekt an ein Leben in großer Höhe
angepasst, weil wir Sauerstoff aus der Luft auf eine
ganz bestimmte Art und Weise aufnehmen können.

Eine Lama-Karawane schafft höchstens zehn bis 20 Kilometer pro Stunde. Dafür kommen Lamas die steilsten Wege hoch, auf denen kein Auto mehr fährt. Wird einem Lama seine Bürde zu schwer, tritt es in Streik: Es legt sich hin und steht erst wieder auf, wenn seine Last verringert wird.
Lediglich Pumas können einem jungen oder schwachen Lama gefährlich werden.
Nach einer sehr langen Tragzeit von über elf Monaten bringen die Mamas zwischen Oktober und Januar die Jungen zur Welt. Meist ist es nur ein Junges.
Schon nach wenigen Minuten richten sich die Neugeborenen auf ihren wackeligen Beinen auf und können der Mutter folgen. Sie werden vier Monate lang gesäugt.
Wir Lamas ernähren uns vor allem von Gräsern und Kräutern, wir fressen aber auch Blätter und Knospen von Sträuchern und jungen Bäumen sowie Flechten und Pilze.
Da wir so einen langen Speisezettel haben, können wir viele unterschiedliche Lebensräume besiedeln."

Käpt'n Einauge erzählt:

„Es war einmal ein kleines Lama namens Mimi. Es lebte mit seiner Familie in einem malerischen Tal hoch oben in den Bergen. Mimi hatte ein weiches, weißes Fell und große, neugierige Augen. Doch im Gegensatz zu anderen Lamas wollte Mimi einfach nicht spucken.
Die anderen Lamas neckten sie oft deswegen und nannten sie "das seltsame Lama". Aber das kümmerte Mimi wenig, denn sie hatte eine ganz andere Leidenschaft: Geschichten schreiben! Schon als kleines Fohlen liebte es Mimi, sich fantasievolle Abenteuer auszudenken.
Eines Tages beschloss das kleine Lama, seine Geschichten der Welt zu zeigen. Es packte einen Rucksack voller Notizbücher und Stifte und machte sich auf den Weg hinab ins Dorf am Fuße des Berges. Dort besuchte es die Buchhandlung von Herrn Meisterlich, einem freundlichen Mann mit einer Brille auf der Nase.
Herr Meisterlich hörte geduldig Mimis Ideen zu und ermutigte sie, weiterzuschreiben. Er sagte ihr: „Mimi, deine Fantasie ist wundervoll! Warum zeigst du diese Welt nicht auch anderen Menschen?"
Nach diesem Gespräch nahm sich das niedliche Lama fest vor, erfolgreich im Schreiben zu sein – selbst wenn es dafür niemals spucken konnte wie die anderen Lamas.
Tag für Tag setzte sich Mimi an ihren kleinen Schreibtisch unter dem Apfelbaum vor ihrem Haus im Tal der Berge und schrieb unermüdlich an ihren Krimigeschichten weiter - voll von mysteriösen

Charakteren wie verschlagene Waschbären oder hinterlistige Schafe.
Eines Tages fühlte Mimi sich endlich bereit, ihr erstes eigenes Buch "Das geheimnisvolle Verschwinden von Oma und Opa " Herrn Meisterlich vorzulegen.
Der Buchhändler war begeistert von der Geschichte und bot an, das Buch zu veröffentlichen.
Es dauerte nicht lange, bis Mimis Krimibuch in den Regalen der Buchhandlungen im ganzen Land lag.
Die Menschen liebten es und wollten mehr von Mimi dem Lama lesen. Das kleine Lama wurde eine gefeierte Kriminalschriftstellerin!
Obwohl Mimi nie gelernt hatte, zu spucken wie die anderen Lamas, bewies sie der Welt auf ihre eigene Art und Weise, dass man trotz Unterschieden erfolgreich sein kann.
Und so lebte das berühmte Lama glücklich bis ans Ende seiner Tage - umgeben von Bergen und mit einem Herzen voller Geschichten."

Lami schaute zu der großen Uhr, die an der Wand hing.
„Niclas, Du musst jetzt aber schlafen gehen, ich bin auch sehr müde. Wir treffen uns bestimmt wieder beim großen Kindergartenfest."

Epilog

Es war einmal ein Tier-Kindergarten namens
Sonnenschein. Die Kinder dort hatten immer viel
Spaß und waren sehr kreativ. Eines Tages
beschlossen die Erzieherinnen, ein buntes
Kindergartenfest zu organisieren.
Die Tier-Kinder wurden ganz aufgeregt, als sie davon
erfuhren und begannen sofort, Ideen zu sammeln,
wie das Fest aussehen könnte. Ein paar, darunter
Schimpi und Schafi, wollten eine riesige Hüpfburg
haben, andere träumten von einer Schatzsuche im
Garten des Kindergartens.
Am nächsten Tag trafen sich alle im großen
Gruppenraum des Kindergartens und besprachen
ihre Pläne für das Fest. Jedes Tierkind durfte
mitentscheiden und seine Ideen einbringen.
Die ersten Wochen vergingen schnell und die
Vorbereitungen liefen auf Hochtouren: es wurde
gebastelt, gemalt und dekoriert, bis alles schön bunt
aussah. Sogar ein großer Tanzwettbewerb wurde
von Nasi und Kroki geplant.
Endlich war der große Tag gekommen! Der Garten
des Kindergartens erstrahlte in buntem Glanz mit
Luftballons in allen Farben des Regenbogens,
Girlanden aus Papierstreifen schmückten jeden
Baum, natürlich half hier Girri fleißig mit, und eine
lange Tafel voller Köstlichkeiten stand bereit.
Ein leckerer Kuchen nach dem anderen wurde von
den Eltern gebracht – Schokoladenkuchen mit
kunterbuntem Guss, saftiger Zitronenkuchen mit
Glasur und die Mama und der Papa von Eisi
brachten leckeres Eis mit.

Es duftete himmlisch nach all den Backwaren! Doch bevor sich alle an dem reichhaltigen Buffet bedienen konnten, musste zuerst die große Schatzsuche stattfinden.
Die Kinder wurden in Teams aufgeteilt und bekamen eine Karte mit Hinweisen. Sie rannten durch den ganzen Garten und suchten eifrig nach dem großen Schatz. Am Ende fanden sie eine Truhe gefüllt mit kleinen Überraschungen wie bunte Stifte, süße Gummibärchen und glitzernder Kinderschmuck. Hier achtete Löwi darauf, dass alles gerecht verteilt wurde.
Nach der erfolgreichen Schatzsuche ging es ab auf die Hüpfburg! Die Kinder sprangen fröhlich umher, lachten laut und hatten jede Menge Spaß zusammen, nur Elli durfte leider nicht mitmachen.
Als alle hungrig vom Herumtoben waren, setzten sie sich gemeinsam an die lange Tafel im Garten. Es wurde gelacht, erzählt und natürlich viel gegessen! Limonade wurde aus kunterbunten Gläsern getrunken – manche tranken Orangenlimonade oder Rote Beeren-Limonade, vor allem Grunzi war voll dabei.
Am Abend kehrte langsam Ruhe ein im Sonnenschein-Kindergarten. Das bunte Kindergartenfest war ein voller Erfolg gewesen - alle hatten so viel Freude gehabt!
Die Tierkinder wie auch der Ehrengast Niclas schliefen friedlich ein mit vollen Bäuchen und schönen Erinnerungen im Kopf - von buntem Konfetti in der Luft bis hin zum gemeinsamen Tanzen unter funkelnden Lampenschirmen.

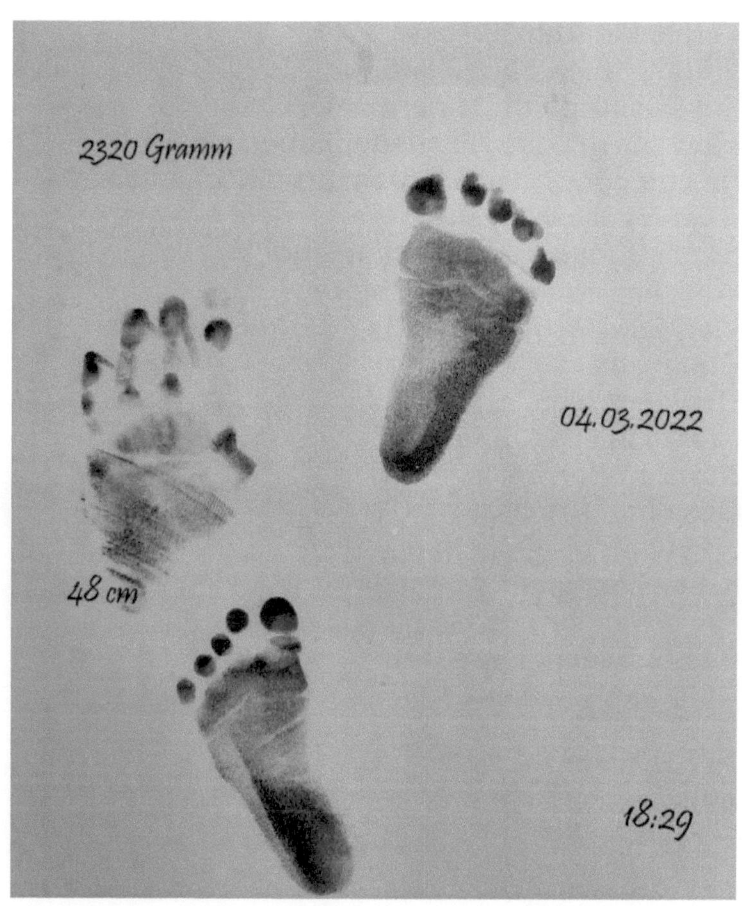

2320 Gramm
48 cm
04.03.2022
18:29

Bisher erschienen:

Jetzt und Immer
Ein übersprungener Tag
Verpasste Augenblicke
Träume töten ohne Warnung
Die Gesellschaft Deiner Seele
Ein Lächeln, das Dir wieder Leben einflößt
Na sou po….. Geschichten aus Griechenland
Griechische Wurzeln
Käpt´n Einauge im Märchenland
Griechenland liegt im Hinterhof
Vier Tage Mytilini oder Das Bewusstsein der
Ohnmacht
Gedichte 1995-2015
Kreta mit allen Sinnen
Kreta im Herzen
Gesichter Kretas
88 Stufen bis Griechenland
Kreta Gestern und heute
Kreta Klöster und Geheimnisse
Sommernächte auf Kreta
Unter der Eisdecke Athens